Stefan Zekorn

anders leben – mehr leben

Stefan Zekorn

anders leben –
mehr leben

Die evangelischen Räte

Butzon & Bercker

Bibliografische Information der Deutschen Nationalbibliothek

Die Deutsche Nationalbibliothek verzeichnet diese Publikation in der Deutschen Nationalbibliografie; detaillierte bibliografische Daten sind im Internet über http://dnb.d-nb.de abrufbar.

Das Gesamtprogramm von Butzon & Bercker finden Sie im Internet unter www.bube.de

ISBN 978-3-7666-2407-9

Die Bibelzitate orientieren sich, wenn nicht anders angegeben, an der Einheitsübersetzung 1980 oder an der Einheitsübersetzung 2016 bzw. sind eigene Übersetzungen des Autors.

© 2017 Butzon & Bercker GmbH, Hoogeweg 100, 47623 Kevelaer, Deutschland, www.bube.de
Alle Rechte vorbehalten.
Umschlagillustration: © 2design Stump & Stump
Umschlaggestaltung: Christoph Kemkes, Geldern
Satz: Schröder Media GbR, Dernbach
Printed in Poland

Inhalt

Vorwort

Liebe Leserin, lieber Leser!

Armut, Gehorsam, Ehelosigkeit – haben wir nichts Wichtigeres in der Kirche zu bedenken? Und was geht mich das an? So werden vielleicht manche fragen, denen dieses Buch begegnet. Wer sich mit dem Neuen Testament beschäftigt, wird allerdings bald auf die genannten Themen treffen. Die evangelischen Räte führen in die Mitte des Christseins und fordern deshalb zu einer persönlichen Auseinandersetzung mit ihnen heraus. Dieses Buch möchte allen, die am christlichen Glauben interessiert sind, Hinweise für das Verständnis wesentlicher Aspekte der Tiefendimension der Spiritualität Jesu geben.[1]

Da verschiedene Ausprägungen des besonderen Lebens nach den evangelischen Räten die katholische (und die orthodoxe) Kirche sehr prägen, handelt dieses Buch auch von diesen Lebensformen. Weil Menschen fragen, warum „immer noch" Menschen als Ordenschristen oder Priester eine Lebensweise pflegen, die vielen als Überbleibsel aus dem Mittelalter erscheint, möchte dieses Buch diese „sonderbare" Lebensform erschließen. Dabei werden die evangelischen Räte mit besonderem Akzent auf die Diözesanpriester vorgestellt. Vielleicht kann dies helfen, einige Momente priesterlicher Spiritualität in einer Zeit zu vertiefen, in der Theologie und Spiritualität des priesterlichen Dienstes vielfachen Fragen ausgesetzt sind.

Gleichzeitig ist dieses Buch für Menschen geschrieben, die auf der Suche nach ihrer Lebensform sind und sich fragen, ob Armut, Gehorsam und Ehelosigkeit ihnen nicht vielleicht die Freude und die Freiheit ermöglichen können, die sie suchen.

Freude? Freiheit?

Ja, genau darum geht es! Die Botschaft Jesu lädt zu einem Experiment ein: Je mehr einer auf Gott vertraut und mit ihm lebt, desto größer werden seine Freude und seine Freiheit.

+ Stefan Zekorn

Evangelische Räte

„Endlich einer, der sagt:
‚Selig die Armen!' und nicht:
Wer Geld hat, ist glücklich!

Endlich einer, der sagt:
‚Liebe deine Feinde!' und nicht:
Nieder mit den Konkurrenten!

Endlich einer, der sagt:
‚Selig, wenn man euch verfolgt!'
und nicht: Passt euch jeder Lage an!

Endlich einer, der sagt:
‚Der Erste soll der Diener aller sein!'
und nicht: Zeige, wer du bist!

Endlich einer, der sagt:
‚Was nützt es dem Menschen, wenn er
die ganze Welt gewinnt!' und nicht:
Hauptsache vorwärtskommen!

Endlich einer, der sagt:
‚Wer an mich glaubt, wird leben
in Ewigkeit!' und nicht:
Was tot ist, ist tot."[2]

Die evangelischen Räte verweisen auf eine Dynamik des Glaubens, die quer zu unseren gewohnten Erwartungen und Verhaltensweisen steht. Jesus lädt zu einem alternativen Lebensstil ein. Dabei fordert er den, der sich auf diese Denk- und Lebensbewegungen einlassen will, dazu heraus, die gewohnten Bahnen seines Denkens und Lebens zu verlassen.

Zeichnung: Ivan Steiger, FAZ

Natürlich handelt es sich dabei nur um einen Rat, eine Empfehlung. Die Botschaft Jesu, wie sie uns im Neuen Testament begegnet, enthält im Hinblick auf die konkreten Herausforderungen der Lebensgestaltung grundsätzlich vor allem Hinweise, nicht Verpflichtungen. Jesus und die Apostel geben in der Regel einen Rat. Deshalb wird das Wort „Räte" seit dem 4. Jahrhundert im Hinblick auf eine Lebensgestaltung nach dem Evangelium zur Unterscheidung von den ethisch verpflichtenden Geboten verwandt.

Es gibt eine Reihe evangelischer Räte.[3] Durch die Jahrhunderte hindurch findet sich in den amtlichen kirchlichen Dokumenten keine Festlegung auf bestimmte Räte und keine Identifizierung der Trias von Armut, Gehorsam und Ehelosigkeit als *die* evangelischen Räte. Von frühester Zeit an gibt es allerdings immer wieder die faktische Verbindung dieser drei Räte. Eine feste Trias der drei Begriffe tritt aber erst seit dem 12. Jahrhundert deutlicher hervor.

Damit keine Missverständnisse entstehen, ist es wichtig herauszustellen, dass die Begriffe, mit denen die evangelischen Räte benannt werden, Haltungen bezeichnen, die mit der Bedeutung des entsprechenden Wortes in der Alltagssprache und seiner Verwendung in der Gesellschaft nicht identisch sind.

Im Hinblick auf das Leben der Christen schreibt der heilige Franz von Sales:

> Gott „will nicht, dass jeder alle Räte befolge, sondern nur jene, die den jeweils verschiedenen Personen, Zeiten, Anlässen und Kräften angemessen sind, so wie die Liebe es erfordert. Denn sie ist die Königin aller Tugenden, aller Gebote, aller Räte, kurz aller christlichen Gesetze und Taten und gibt ihnen allen Rang und Ordnung."[4]

Dabei ist klar, dass es gegen die Räte des Evangeliums von innen und außen Widerstände gibt. Das hat schon Jesus erfahren: Seine inneren Widerstände werden bei der Versuchung in der Wüste offenbar. Dort erlebt er die Versuchung zu Überfluss und Macht (Mt 4,1ff. und Lk 4,1ff.). Beim sogenannten „reichen Jüngling" erlebt Jesus den Widerstand des Hängens am Reichtum (Mk 10,17–22 par.).

Jesus will mit seinen Räten zu etwas verlocken, das auf den ersten Blick völlig „abgedreht", gegen die normale, gewohnte Lebensperspektive gerichtet ist. Dass so etwas seinen Sinn haben kann, wird vielleicht gerade in einer Gesellschaft deutlich, in der individuelle Freiheit, Wohlergehen und Sex (fast) alles sind.

Nicht umsonst ist es der wohlhabende Städter Benedikt, der sich im 6. Jahrhundert in karge Einsamkeit zurückzieht. Nicht umsonst ist es der reiche Kaufmannssohn Franziskus, der sich 700 Jahre später der „Frau Armut" „vermählt". Nicht umsonst bricht die Armutsbewegung des 12. und 13. Jahrhunderts in einer Zeit zunehmenden gesellschaftlichen und kirchlichen Wohlstands aus. Und nicht umsonst bringt die Renaissance-Zeit mit ihrer Verbürgerlichung neue Armutsbewegungen hervor, wie etwa die Jesuiten, die „Unbeschuhten Karmeliten" und die Reformen der franziskanischen Ordensgemeinschaft.

Auch heute gibt es bei vielen Menschen das Gefühl, dass uns bei allem Überfluss etwas Wesentliches abgeht. Zu dem Wesentlichen wollen die evangelischen Räte führen.

Schon Johannes Bours schrieb vor mehr als 30 Jahren über die Bedeutung der evangelischen Räte in einer säkularisierten Welt:

> **Sie sind, in aller menschlichen Armseligkeit**
> **und Gebrochenheit,**
> **der immer wieder neue Versuch, sich hinzutasten**
> **zum Entwurf Gottes und auf ihn hinzuweisen;**
> **den Glauben an das Paradox Gottes zu wecken**
> **und zu bezeugen,**
> **dass die Ohnmacht der gekreuzigten Liebe**
> **die Rettung der Welt ist;**
> **den Glauben, dass es auf den Wegen Gottes liegt,**
> **das Eigene loszulassen und radikal**
> **der Tat und Treue Gottes zu vertrauen,**
> **die die Rettung schenkt.**[5]

Zum Nach-Denken

Dieses Leben ist
nicht ein Frommsein, sondern ein Frommwerden,
nicht ein Gesundsein, sondern ein Gesundwerden;
überhaupt nicht ein Wesen, sondern ein Werden,
nicht eine Ruhe, sondern eine Übung.
Martin Luther[6]

Du sollst spüren, dass du gar nicht fällst, wenn du die krampfhaft gewaltsame innere Angst um dich und dein Leben aufgibst, gar nicht verzweifelst, wenn du zweifelst an dir, deiner Weisheit, deiner Stärke, deinem Vermögen, selbst dir zum Leben und zur Freiheit des Glücks zu verhelfen, sondern dann plötzlich wie durch ein Wunder, das täglich neu geschehen muss und das nie zur Routine werden kann, bei Ihm bist.

Karl Rahner[7]

Ermäßige deine Sehnsucht nicht und gib dich nicht mit Halbheiten zufrieden, und achte auf deine Ängste, nimm sie als Signal, dass du in die falsche Richtung lebst und etwas Zentrales in dir darniederhältst. Wenn du dich auf das Meer der Glaubenserfahrung hinauswagen willst, dann buchstabiere deine Sehnsüchte und Ängste mit denen all der Vorfahren im Glauben zusammen.

Ottmar Fuchs[8]

Alles auf die Karte „Glauben" setzen? Das ist vielleicht doch etwas riskant. Sollen wir nicht lieber ein bisschen realistisch und vernünftig bleiben! [...] Oder wir sagen: Grundsätzlich sind wir natürlich gläubig [...]; aber so im Konkreten des Lebens nehmen wir die Dinge doch lieber selbst in die Hand, dann wissen wir, woran wir sind. [...] Wir bleiben in einer Mittelmäßigkeit, in einer Halbheit [...]

In diese Situation hinein ergeht die Frage: Ist für mich jetzt die Gabe und Verheißung, die ich empfangen und erfahren habe, so groß, dass ich mich dazu ermutigt fühle, alles und ganz auf die Hoffnung zu setzen?

Das ist eine Frage, kein versteckter Befehl. Es hilft nicht, wenn ich mir sage: Ich muss halt hoffen! Denn hoffen kann man nicht müssen. Darum ist es eine echte Frage.

Die Motivation, um sich für und zur Hoffnung zu entscheiden, ist die empfangene Gabe und die vernommene Verheißung, nicht der Wunsch oder gar die Anordnung irgendeiner Autorität, auch nicht der Heiligen Schrift, wo die Einladung zur Hoffnung tatsächlich immer und überall steht. Es hat keinen Sinn, hier ein Gesetz zu machen. Es geht um das Abhören meines inneren Verlangens, meiner Sehnsucht, was an Vorgeschmack und Vorfreude da ist. Daraus kann diese Entscheidung, diese Antwort auf die Anfrage Gottes kommen. Sie ist nicht eine Entscheidung oder ein Vorsatz, etwas zu tun oder nicht mehr zu tun. [...] Das wäre keine genügende Basis. Allein die Gabe und Verheißung kann diese Basis sein. [...] Es geht um eine Entscheidung zur Hoffnung, dass wir auf Hoffnung setzen, um einen Aufbruch [...]. Diese Entscheidung ist nicht eine Entscheidung für eine Sache oder ein Tun, sondern eine Entscheidung auf eine Person hin. Es geht um Vertrauen zum Gott der Verheißung, um ein Sich-Anvertrauen dem Gott der Heilsgeschichte. Insofern steckt in dieser Entscheidung zur Hoffnung eine Art Übergabe an Gott.

Es geht darum, das Risiko auf Veränderung einzugehen. Das ist ja das, was uns zögern lässt. Es geht darum, die größere Seele anzunehmen, die uns mehr wahrnehmen lässt, im Vertrauen, dass Gott alles in der Hand hat [...]. Und Er will Heil, auch mein Heil.

Alex Lefrank SJ [9]

„Ich bin dein Besitz und dein Erbe"

Der Rat der Armut

Geld regiert die Welt (jedenfalls in vielerlei Hinsicht), und die Sehn-Sucht, immer mehr zu haben und zu erleben, bestimmt das Leben vieler, ja wohl der meisten Menschen. Die Botschaft Jesu entfaltet unter dem Stichwort „Armut" eine Alternative.

Armut im Sinn Jesu

Armut im Sinn Jesu – das ist nicht etwas, was zu seiner Botschaft neben allem möglichen anderen noch so dazukäme. Schließlich hat sich der Sohn Gottes in der Menschwerdung selbst arm gemacht und so seine liebende Hingabe an den Vater und die Menschen verwirklicht (2 Kor 8,9; Phil 2,6ff.). Und Jesus zitiert als Beschreibung seiner Aufgabe und derer, die ihm folgen, die Jesaja-Stelle von der Verkündigung der Frohen Botschaft an die Armen am Beginn seines Wirkens in seiner „Primizpredigt" in der Synagoge von Kafarnaum (Lk 4,16ff.). Er beginnt die Seligpreisungen mit den Armen. Und er hat selbst die Armut als seinen Lebensstil gewählt. Armut ist die Lebensgestalt Christi und ruft deshalb alle Christen auf, seine so gänzlich andere „ars vivendi" als existenzielle Haltung und als Lebensstil zu übernehmen. Ist dies nicht ein einfaches, aber zwingendes Motiv für die, die in der Nachfolge Jesu stehen?

Armut im Sinn Jesu ist nicht Elend. „Es geht nicht darum, dass ihr in Not geratet", schreibt Paulus ausdrücklich (2 Kor 8,13). Das bringen die Begriffe der deutschen Sprache gut ins Wort. Die deutsche Sprache unterscheidet grundsätzlich zwischen „arm" = „nicht besitzend, bedürftig" und „elend" = „in Existenznot, in schlechter Verfassung". Das Substantiv „Armut" ist zusammengesetzt aus „arm" und „Mut" und bezeichnet ursprünglich „Mut, Herz und Gesinnung zum Armsein" – ähnlich wie „Demut" den „Mut zum Dienen" beinhaltet.

Beim geistlichen Rat der Armut geht es entsprechend nicht um einen bestimmten armen oder gar elenden Zustand, für dessen Beschreibung das Wort „Armut" im alltäglichen Sprachgebrauch verwendet wird, sondern um eine spirituelle Lebenshaltung, die sich in einem einfachen Lebensstil verwirklicht. Freilich kann auch ein nicht zu überwindendes Elend aus der Haltung der geistlichen Armut gelebt werden.

Die Armut im Sinn Jesu ist nach den Evangelien von drei Kennzeichen geprägt:

1. Armut ist „Ein-fachheit" im Wortsinn, denn für den Armen gibt es nur eins: Gott.

Der Vater im Himmel war Jesu ganzer Reichtum. Er war ganz auf ihn ausgerichtet, hat ganz für ihn gelebt. So soll Gott auch unser ganzer Reichtum sein. In diesem Sinn ist der Rat der Armut Ermöglichung von Freiheit für Gott. Er öffnet den Raum, ganz für Gott zu leben.

Wer arm lebt, hat nichts, woran er sich sonst hängen könnte. Die (gläubigen) Armen im Sinn Jesu haben eben keinen anderen „Besitz" als Gott. Wer reich ist, läuft Gefahr, an verschiedenen Dingen festzuhalten. Jesus bringt diese Wirklichkeit so ins Bild: „Eher geht ein Kamel durch ein Nadelöhr, als dass ein Reicher in das Reich Gottes gelangt." (Mt 19,24) Der Reiche ist wie ein dickes Schiffstau: steif, wenig beweglich, zu dick für die Sensibilitäten des Lebens, unfähig, sich einfädeln zu lassen. Der Reichtum in jeder Hinsicht ist ein Moment, das eine tiefe Gottesbeziehung erschwert.

Reichtum in jeder Hinsicht! Das ist für Jesus ein wichtiger Punkt. Es geht vornehmlich um materiellen Reichtum, aber genauso problematisch ist der Reichtum, der im Festhalten von Vorschriften besteht, wie der der Pharisäer und Schriftgelehrten. Auch Privilegien, wie das des ersten Platzes, gehören zum schädlichen Reichtum. Armut ist in jeder Hinsicht einfach.

2. Armut lebt Sorglosigkeit im Vertrauen auf Gottes Sorge

Jesus sagt: „Macht euch keine Sorgen und fragt nicht: Was sollen wir essen? Was sollen wir trinken? Euer himmlischer Vater weiß, dass ihr das alles braucht. Euch aber muss es zuerst um sein Reich und um seine Gerechtigkeit gehen." (Mt 6,31–33) Die Armut macht frei für das Wesentliche und den Wesentlichen im Leben.

Paulus schreibt an die Philipper: „Gott wird all euren Mangel füllen nach seinem Reichtum." (Phil 4,19; nach LUT 84) Wer sein Leben ganz allein verantworten will, wer es ganz in der eigenen Hand halten will, der muss es auch selbst tragen. Ob er sich dabei auf Dauer nicht überhebt? Jesus sorgt sich, dass wir zu viel Sicherheiten und Besitz haben könnten und dadurch unsere Lebendigkeit und Fruchtbarkeit ersticken. Es geht um das Loslassen falscher Erwartungen an mich selbst und andere. Das kann zum Beispiel die falsche Vorstellung von Vollkommenheit und Perfektion sein, die Vorstellung, keine Schwächen und Fehler haben zu dürfen oder haben zu wollen. Diese falsche Vorstellung ist zerstörerisch und unmenschlich. Sie zwingt uns in Rollen, die uns nicht passen. Auch im Blick auf andere leben wir manches Mal nach der Devise: „Ein Mensch ist mir etwas wert je nach dem, was er hat oder kann oder weiß." Wir bauen Gottes Reich, wenn wir diese Lebenslügen immer wieder durchbrechen. Nicht das Können oder ein bestimmter Charakter macht den Menschen aus, sondern was er vor Gott ist: sein geliebtes Kind! Der evangelische Rat der Armut will diese Grundhaltung in uns wecken und wach halten. Er macht frei von falschem Erwartungsdruck.

Konkreter materieller Reichtum bringt zudem automatisch Sorgen um den Erhalt des Reichtums mit sich. So bindet Reichtum an alles Mögliche, selbst wenn das Herz ziemlich frei von ihm sein sollte. Deshalb ist die Haltung der Armut so wichtig, und zwar die einer gelebten Armut, nicht nur die einer im Herzen verborgenen. Gelebte Armut im Sinn Jesu setzt frei, weil sie auf Gott vertraut, der sich um uns sorgt. Aus diesem Vertrauen heraus ermöglicht Armut als einfacher Lebensstil eine reife Sorglosigkeit, um sich an Gott und die Menschen hingeben zu können.

3. Die „Hin-Gabe" ist das dritte Charakteristikum evangelischer Armut

Paulus schreibt über Jesus: „Er, der reich war, wurde euretwegen arm." (2 Kor 8,9) Gott hat sich in seiner Menschwerdung arm gemacht, um den Menschen nahe sein zu können. Wenn wir leben wollen wie Gott, wenn wir Gottes Handeln als Vorbild für unser Leben annehmen, weil es kein besseres Vorbild gibt, dann lädt Gott uns in diese hinabsteigende Bewegung ein, die ein Loslassen des Eigenen bedeutet.

An Weihnachten feiern wir Jesus, der klein, bedürftig und nackt in Armut hinein Mensch geworden ist. Das war keine Panne, sondern ist Ermutigung und Zusage: „Ihr könnt es wagen, klein und bedürftig zu sein. Ihr könnt es wagen, euch zu zeigen, wie ihr seid. Ihr könnt es wagen, eure Armut anzunehmen, denn ihr seid darin schon längst von Gott angenommen."

Wer sich selbst nicht festhält, der kann sich für andere hingeben. Und wer seinen Besitz nicht festhält, der kann ihn anderen geben. Diese Hingabe gilt besonders den Armen. Der Evangelist Lukas unterstreicht, dass Gott ein Liebhaber der Armen ist. Deshalb gilt es, sein Leben mit den Armen zu teilen. Lukas stellt im Magnifikat entsprechende Stellen aus dem

Alten Testament zusammen: „Auf die Niedrigkeit seiner Magd hat er geschaut; er stürzt die Mächtigen vom Thron und erhöht die Niedrigen. Die Hungernden beschenkt er mit seinen Gaben und lässt die Reichen leer ausgehen." (Lk 1,48–53) Der letzte Teil ist übrigens nicht aus dem Alten Testament, sondern lukanisch: „Die Reichen schickt er leer weg!", heißt es wörtlich. Gott liebt Arm und Reich nicht einfach gleich. Nach der Botschaft Jesu liebt Gott die Armen ganz besonders!

Kurz gefasst könnte man den evangelischen Rat der Armut vielleicht mit folgenden Worten formulieren:

> Der Rat der Armut bedeutet, durch ein Leben aus dem Beschenktwerden frei zu werden für das Wirken Gottes.

Was bedeutet das für das Leben?

„Ein-facher" Lebensstil: „nur eines ist notwendig" – Lassen

Dem Armen gehört nur das eine: das Reich Gottes. Das Wort Jesu an Marta mahnt auch uns: „... nur eines ist notwendig" (Lk 10,42). Das Bemühen, aus dem evangelischen Rat der Armut zu leben, ist der Versuch, dem einzig Notwendigen vor dem vielen Unwesentlichen einen Vorrang einzuräumen. Imperativisch formuliert geht es bei einem einfachen Lebensstil darum, das Viele und irgendwie Große zu *lassen*. Der reiche Jüngling fragt Jesus: „Guter Meister, was muss ich tun, um das ewige Leben zu gewinnen?" (Mk 10,17) Und Jesus sagt ihm, nachdem er ihn zunächst auf die Gebote als Grundlage verwiesen hat: „Verkaufe, was du hast, gib es den Armen, und du wirst einen Schatz im Himmel haben; dann komm und folge mir nach!" Der junge Mann soll also „verkaufen", loslassen.

Von diesem reichen jungen Mann heißt es dann: „Er war betrübt, als er das hörte, und ging traurig weg; denn er hatte ein großes Vermögen." „Schade, denn der junge Mann hörte offenbar nur „Verkaufe", aber nicht den Rest. Die Angst vor Verlust macht schnell verschlossen, taub und blind. Dabei kann man dann die Augen verschließen vor dem neuen Reichtum, der unersetzbaren Beziehung zu Gott, die der größte Schatz ist (Mt 13,44–46). Menschen in der Nachfolge Jesu sind berufen, mit Klarheit zu zeigen, wer ihr Reichtum ist und worauf sie setzen. Wenn wir versuchen, aus eigener Kraft etwas zu haben und zu halten, verlieren wir. Wenn wir als Bedürftige vor Gott stehen, empfangen wir „Gnade über Gnade" (Joh 1,16).

Was könnte das für uns konkret heißen? Es geht um das Loslassen selbst gemachter, falscher Reichtümer. Das kann Besitz sein, das können Pläne, Vorstellungen und Wissen sein. Hier ist all das gemeint, was unser Herz bindet und doch nicht satt macht. Es ist gut, wenn es möglich ist, das in meinem Leben wegzulassen, was es kompliziert macht. Das kann beim Tagesplan anfangen. Es ist ein Aspekt eines armen Lebensstils, den Inhalt des eigenen Kalenders auf das Notwendige zurechtzustutzen. Dazu gehört, Platz für das Gebet zu schaffen. Hier ist auch ein sich beschränkender Umgang mit den Medien zu erwähnen, also mit Internet, Fernsehen, DVDs, Illustrierten, Radio, CDs und Ähnlichem. In einer ausführlichen Lebensbetrachtung ist immer wieder die Frage wichtig: Was ist nur Vielerlei in meinem Leben und was gehört zum einzig Notwendigen, nämlich der Nachfolge Jesu? Kommt neben allem Tun und aller Aktivität auch in der Erholung der kontemplative Aspekt des Ausruhens und der auch äußeren Ruhe genug zum Tragen?

Romano Guardini hat darauf hingewiesen, dass zum – wie er es nennt – „vollständigen Menschen" eine Ausgeglichenheit zwischen aktiven und kontemplativen Lebensmomenten gehört.[10] Zum aktiven Aspekt des Lebens gehört alles, was mit Tun, Komplexität und Kompliziertheit, mit Technik in irgendeiner Form und mit Abwechslung zu tun hat. Demgegenüber sind Ruhe, Einfachheit und Stetigkeit Momente des kontemplativen Lebensaspekts. Guardini weist darauf hin, dass beim Menschen der Neuzeit seit etwa einem halben Jahrtausend zunehmend das aktive Element im Leben das kontemplative überflügelt. Dem steuert der evangelische Rat der Armut entgegen.

Zu einem in diesem Sinn einfachen Lebensstil gehört eine Liebe zur Natur. Das zeigt sich bei Jesus, der sich auf Berge zurückzieht und dessen Gleichnisse eine starke Naturbezogenheit zum Ausdruck bringen. Das zeigt sich in der Folge bei den Mönchen, Einsiedlern und Ordensleuten von Benedikt über Franziskus bis zu Charles de Foucauld. Für den Städter Franziskus ist die Armut deshalb das Natürlichste von der Welt, weil die Natur in aller Reichhaltigkeit auch „arm" ist; denn in ihr ist alles in großer Selbstverständlichkeit auf den Schöpfer bezogen. Genauso sieht es Jesus, wenn er sagt: „Seht euch die Vögel des Himmels an: Sie säen nicht, sie ernten nicht und sammeln keine Vorräte in Scheunen; euer himmlischer Vater ernährt sie. [...] Lernt von den Lilien des Feldes: Sie arbeiten nicht und spinnen nicht. Doch ich sage euch: Selbst Salomo war in all seiner Pracht nicht gekleidet wie eine von ihnen." (Mt 6,26–29) Diese Einfachheit und Schöpferbezogenheit der Natur überträgt sich auf den, der sie erlebt. Wer einmal nur mit dem Rucksack zu Fuß eine mehrtägige Wanderung gemacht hat, der weiß, wie wenig man wirklich braucht, und ahnt, wie sehr der Luxus unseres Alltagslebens uns den Blick auf das einzig Notwendige verstellen kann. Armut und Liebe zur Schöpfung ergänzen sich wechselseitig. Aus dieser Perspektive bekommt ein Urlaub in den Alpen, im Mittelgebirge oder an der See einen anderen Stellenwert als modische „Möglichst-weit-weg"-Trips.

Es geht bei der Verwirklichung des Rates der Armut also nicht darum, nur etwas Geld locker zu machen, sondern uns selbst. Es geht um einen Lebensstil aus der Logik des Lebens

Jesu, die lautet: Wir gewinnen im Lassen – oder in Anlehnung an Paulus: Armut macht reich.

Weil einfach einfach einfach ist[11]

"Sorg-loser" Lebensstil: "alles andere wird euch dazugegeben werden" – Empfangen

"Sorgt euch nicht um morgen", schreibt Jesus uns in der Bergpredigt ins Stammbuch (Mt 6,34). Das Sich-um-vieles-Sorgen-Machen gehört zu den größten Hindernissen im geistlichen Leben. Durch die Sorgen verklebt die Seele im Festhalten an sich und den vielen Dingen des Lebens. Jesus setzt dagegen ein Leben aus dem Überfluss Gottes. Er steht damit in der Tradition des Alten Testaments. Das Buch Numeri enthält die Bestimmung, dass die Priester keinen damals zum Leben wichtigen Landbesitz haben dürfen, weil sie ganz für Gott frei sein sollen. Es heißt dort: "Du sollst [...] keinen erblichen Besitz haben. Dir gehört unter ihnen kein Besitzanteil; ich bin dein Besitz und dein Erbe." (Num 18,20) Gott ist der entscheidende Besitz und das wesentliche Erbe unseres Lebens. Es gilt, aus dem Überfluss Gottes zu leben und in dem Bewusstsein, Gabenempfänger zu sein. Armut ist so Ausdruck eines leidenschaftlichen Gottvertrauens. Wir dagegen wollen sichergehen. Das haben viele in ihrem Leben als Tugend gelernt: Nur nichts riskieren! Den Priestern des Alten Bundes wird aber genau das zugemutet: das Risiko, von den Gaben der Gläubigen zu leben. Ein geistlich sorgloser Lebensstil lebt aus dem Bewusstsein des Geschenkcharakters des Lebens. Die entsprechende Haltung ist das *Empfangen* im Vertrauen auf die Verheißung Jesu: „... alles andere wird euch dazugegeben werden" (Mt 6,33).

Am Beginn der Bergpredigt heißt es: "Selig, die arm sind im Geist (Gottes), denn ihrer ist das Himmelreich." (Mt 5,3) Arm sein vor Gott, das ist arm sein vor dem, der uns bedingungslos liebt, für dessen Liebe wir keine Leistung erbringen müssen. Wer arm sein kann vor Gott, der kann diese Haltung auch unter den Menschen einnehmen.

Konkret wird sich diese Haltung im Leben des Einzelnen sehr unterschiedlich verwirklichen. Eine orientierende Grundfrage könnte sein: Wie kann ich in meiner Lebenswirklichkeit möglichst sorglos aus dem Vertrauen auf Gott leben? Wie kann ich mich dem Geschenkcharakter des Lebens mehr öffnen?

Der Geist der Armut besteht in der Freude des Menschen, dessen Sicherheit in Gott ist.[12]

„Hin-gebender" Lebensstil: „Gib den Armen" – Teilen

Der reiche Jüngling soll seinen Besitz nicht einfach loswerden, sondern Jesus sagt ihm: „Gib den Armen" (Mk 10,21). Jesus fordert zum Verschenken an die Armen auf. Die Gabe des Geldes ist dann Ausdruck der Hingabe des eigenen Lebens. *Teilen* lautet die Devise.

Gott ist ein Liebhaber der Armen, ja Jesus identifiziert sich mit den Armen, denn er sagt: „Ich war hungrig, und ihr habt mir zu essen gegeben; ich war fremd und obdachlos, und ihr habt mich aufgenommen" usw. (Mt 25,35ff.). Näherhin ist „die bevorzugte Option für die Armen im christologischen Glauben an jenen Gott implizit enthalten, der für uns arm geworden ist, um uns durch seine Armut reich zu machen. [... Deshalb] müssen wir Christen als Jünger und Missionare in den Leidensantlitzen unserer Geschwister das Antlitz Christi anschauen, der uns auffordert, ihm in ihnen zu dienen: ,Die Leidensantlitze der Armen sind die Leidensantlitze Christi."[13] So ist die Haltung der Armut nur sinnvoll, wenn sie mit einer Hinwendung zu den Armen verbunden ist.

Entsprechend heißt es schon beim Propheten Jesaja: „Das ist ein Fasten, wie ich es liebe: an die Hungrigen dein Brot auszuteilen, die obdachlosen Armen ins Haus aufzunehmen" usw. (Jes 58,6ff.).

Ein konkreter Ansatz ist der alte Brauch des Zehnten, also wenigstens den zehnten Teil des eigenen Einkommens für Arme zu geben. Dieser Brauch hat seinen Ursprung in der Bibel.[14]

Auch der gemeinschaftliche Gütergebrauch ist hier zu nennen. Die eigene „Besitz-losigkeit" im wahrsten Sinn des Wortes zeigt sich darin, dass einer das, was er nutzt, mit anderen teilt – ein sicher kleines, aber deutliches Zeichen der Teilhabe und Teilgabe an der überfließenden Fülle Gottes.

Neben diesen materiellen Konkretionen gibt es eine wichtige ideelle Konkretion des Teilens: die Verfügbarkeit für andere. Wenn jemand Hilfe braucht oder wenn einer Zeit braucht, dem ich sie eigentlich nicht schenken will, dann ist wie beim Gebrauch anderer Güter Teilen das biblische Verhalten.

Und schließlich die Frage: Wenn Gott ein Liebhaber der Armen ist, wo kommen die Armen in meinem Leben vor? Mutter Teresa fragt: „Kennt ihr die Armen eurer Stadt?" Und Papst Franziskus mahnt: „Niemand dürfte sagen, dass er sich von den Armen fernhält, weil seine Lebensentscheidungen es mit sich bringen, anderen Aufgaben mehr Achtung zu schenken."[15]

„Wo dein Schatz ist ..."

Jesus sagt: „Wo dein Schatz ist, da ist auch dein Herz." (Mt 6,21) Schau auf das, was dir lieb und teuer ist, wofür du Zeit, Herz und Kraft aufwendest, und du weißt, woran dein Herz hängt! „Verkaufen" wir Gott, *den* Schatz unseres Lebens, nicht täglich an alle möglichen anderen Schätze? Unser Leben ist mit allzu vielen Dingen vollgepackt. Dabei kommen wir ganz gut ohne Gott aus. Wir spüren den Hunger nach Gott „deshalb so selten, weil wir so viele Dinge haben, mit denen wir unseren Geist und unser Bewusstsein vollpacken: unsere weltlichen Interessen, Freuden und Verlangen, sogar unsere Probleme und Sorgen. Wir sind zu sehr von all dem erfüllt, um zu spüren, wie leer unser Herz ist und wie sehr wir Gottes bedürfen, damit er diese große Leere füllt."[16]

Bischof Franz Kamphaus schreibt einmal:

Kaum etwas kennzeichnet unsere Situation so sehr
wie der Mangel an Leidenschaft.
Wir finden immer einen Grund, nicht radikal zu sein.
In der Nachsicht mit uns selbst sind wir grenzenlos.
Was übrig bleibt?
Ein Glaube ohne Ärgernis,
eine „kommode Religion" (G. Büchner).[17]

Zur Konkretisierung eines einfachen Lebensstils nach dem evangelischen Rat der Armut

Die entscheidende Orientierung im Bemühen um einen evangeliumsgemäßen Lebensstil ist die Frage: Was hätte Jesus getan? Was würde er uns raten? Im Einzelnen lassen sich folgende weitere Orientierungspunkte nach der Botschaft des Evangeliums benennen:

1. Orientierung an den Armen
Je mehr etwas dem Lebensstil von einfachen und armen Menschen gleicht, desto mehr entspricht es dem Evangelium.

2. Hinwendung zu den Armen

Je mehr in einem Tun eine konkrete Hinwendung zu Armen liegt, desto mehr entspricht es dem Evangelium. Vielleicht könnte ich wenigstens mit einer Person, die arm ist, regelmäßigen Kontakt haben.

3. Teilen als Ausdruck liebender Hingabe

Je mehr eine Handlung vom Teilen bestimmt ist, desto mehr entspricht sie dem Evangelium.

4. Gemeinschaftlicher Gütergebrauch

Je mehr etwas gemeinsam genutzt wird, desto eher entspricht es dem Evangelium.

5. Orientierung an der Natur

Je weniger künstlich und je mehr in Einklang mit der Natur etwas ist, desto eher entspricht es dem, was der Schöpfer uns geschenkt hat.

Zum Nach-Denken

Bibelstellen zum Rat der Armut:

1. Mt 6,19–34: Falsche und rechte Sorge
2. Mk 10,13–31: Besitz und Nachfolge
3. Lk 1,46–55: Gott, die Niedrigen und die Reichen
4. Lk 12,13–34: Warnung vor Gewinnsucht und falscher Sorge
5. Lk 14,25–35: Bedingungen der Nachfolge

- Was möchte Gott mir durch diese Worte sagen?

Hinweise zur persönlichen Vertiefung:

- Woran hänge ich? Was sind meine Schätze? Es kann sinnvoll sein, zunächst die Gedanken kommen zu lassen, ohne zu werten, und erst in einem zweiten Schritt zu schauen, woran ich auf falsche Weise hänge.
- In meiner Menschlichkeit möchte Gott große Wege gehen. Deshalb kann ich in einem Moment des Gebets Gott die Situationen meines Lebens hinhalten, in denen ich mich arm fühle, und sie ihm mit einfachen Worten sagen. So kann ich mich der Liebe Gottes öffnen, der meine Armut füllen will.
- Wo nimmt etwas Äußeres mein Herz in Beschlag, macht mich innerlich unfrei und raubt mir vielleicht den Frieden?
- Wie ist das, worüber ich verfüge, auch für andere da und nicht nur für mich selbst?

Wende dein Angesicht von keinem Armen ab, dann wird sich Gottes Angesicht nicht von dir abwenden!
Tobit 4,7

Ermahne die, die in dieser Welt reich sind, [...] ihre Hoffnung nicht auf den unsicheren Reichtum zu setzen, sondern auf Gott, der uns alles reichlich gibt, was wir brauchen! Sie sollen wohltätig sein, reich werden an guten Werken, freigebig sein und, was sie haben, mit anderen teilen.
1 Tim 6,17–18

Da der Markt dazu neigt, einen unwiderstehlichen Konsummechanismus zu schaffen, um seine Produkte abzusetzen, versinken die Menschen schließlich in einem Strudel von unnötigen Anschaffungen und Ausgaben. [...]

Es geschieht das, worauf schon Romano Guardini hingewiesen hat: Der Mensch „nimmt [...] Gebrauchsdinge und Lebensformen an, wie sie ihm von der rationalen Planung und den genormten Maschinenprodukten aufgenötigt werden, und tut dies im Großen und Ganzen mit dem Gefühl, so sei es vernünftig und richtig" [...]

Während das Herz des Menschen immer leerer wird, braucht er immer nötiger Dinge, die er kaufen, besitzen und konsumieren kann.

Papst Franziskus[18]

Es ist wichtig, eine alte Lehre anzunehmen, die in verschiedenen religiösen Traditionen und auch in der Bibel vorhanden ist. Es handelt sich um die Überzeugung, dass „weniger mehr ist". Die ständige Anhäufung von Möglichkeiten zum Konsum lenkt das Herz ab und verhindert, jedes Ding und jeden Moment zu würdigen. [...] Die christliche Spiritualität regt zu einem Wachstum mit Mäßigkeit an und zu einer Fähigkeit, mit dem Wenigen froh zu sein. Es ist eine Rückkehr zu der Einfachheit, die uns erlaubt innezuhalten, um das Kleine zu würdigen, dankbar zu sein für die Möglichkeiten, die das Leben bietet, ohne uns an das zu hängen, was wir haben, noch uns über das zu grämen, was wir nicht haben. Das setzt voraus, die Dynamik der Herrschaft und der bloßen Anhäufung von Vergnügungen zu meiden.

Papst Franziskus[19]

Der Geist der Armut ist Leben in der hellen Freude am Heute. Die Kühnheit, alles, was heute da ist, aufs Beste zu nutzen, sich keinerlei Kapital zu sichern, ohne Furcht vor möglicher Armut, gibt unberechenbare Kraft [...]. Der Arme nach dem Evangelium lernt es, zu leben ohne Sicherung vor dem morgigen Tag, in dem fröhlichen Vertrauen, dass für alles gesorgt sein wird.

Die Regel von Taizé[20]

Der Geist der Armut besteht nicht darin, sich armselig zu geben, sondern darin, alles so zu halten, wie es der schlichten Schönheit der Schöpfung entspricht.

Gibt es für die Mehrzahl von uns in dieser Welt des Überflusses einen anderen Weg, die erste Seligpreisung zu leben, als den einfachen Gebrauch der irdischen Güter?

Roger Schutz[21]

Das Jasagen

Der Christ, der ärmer werden will, muss als Erstes Ja sagen zu der äußeren Lebenslage, in der er sich findet. Vielleicht muss er aus menschlicher Schuld in ganz anderen Verhältnissen leben, als er sie sich erträumt hätte. Aber auch diese Schuld wird, wie alles andere, vom geheimnisvollen Plan der göttlichen Vorsehung umgriffen, der ja stets die objektiven Gegebenheiten zum Anlass nimmt, um aus ihnen – auch aus menschlicher Schuld und menschlichem Versagen – das größtmögliche Gut zu wirken. All die konkreten Umstände, die die Kette unseres Lebens formen, sind gut, insofern uns Gott nur in ihnen lieben, uns nur von ihnen ausgehend erlösen kann. Gott hält den Webebaum unseres Lebens in der Hand, und was er uns darauf anzettelt, ist immer das Beste, der nächste Weg zu ihm. Es wäre Selbsttäuschung, wollten wir uns einreden, es gebe für uns einen günstigeren Kontext für die Übung der Armut als die Lebenssituation, in die Gott uns gestellt hat. [...]

Ja sagen zu einer gegebenen Situation heißt nicht, sie in allem und jedem für gut ansehen; es heißt vielmehr, sie mit den Augen Christi und im Lichte des Evangeliums betrachten. Jesu Vorliebe aber gilt den Armen, den Enterbten, denen, die auf der sozialen Stufenleiter ganz unten stehen: dieser Einsicht können wir uns nicht entziehen. Diese Leute ohne Bedeutung will er als Erste in sein Reich aufnehmen, weil er sich vor allem in ihnen wiederfindet. Jesus ist uns gegenwärtig in der Gestalt des Menschen, der Hunger und Durst leidet und der keine Kleider hat – schlichte, unauslöschliche Wahrheiten, die der ganzen Lehre Jesu ihr Gesicht geben und die wir wörtlich annehmen müssen, auch wenn sie uns nicht ins Konzept passen oder einen Stachel in unsere Seele senken. Geraten wir aber nicht in Widerspruch, wenn wir gleichzeitig behaupten, die Lebensbedingungen, die uns Gott gestellt hat, seien in jedem Fall gut und die Armut sei das eigentliche Bild Gottes auf dieser Erde?

Diese Frage wird uns helfen, jenem „Jasagen" näherzukommen, von dem wir gesprochen haben, indem wir als Erstes in uns selbst das Bild des armen Gottes entdecken, jenen ausgezeichneten Punkt unserer Existenz, wo das Evangelium in uns bereits Wirklichkeit ist, ohne dass uns dies zum Bewusstsein gekommen wäre. Wer ist denn eigentlich „arm"? Arm ist einer, der nichts besitzt; aber auch ein Krüppel, ein Hinkender oder ein Blinder ist arm; arm ist Jaïrus, der für sein Töchterlein bittet, arm die Sünderin, die sich der Liebe ihres Meisters unwürdig weiß; arm ist Zachäus, der kleingewachsene Reiche, der sich auf seinem Feigenbaum so lächerlich ausnimmt und den die Juden verachten. Auch wenn uns der äußere Anschein nicht auf die unterste Stufe der sozialen Rangleiter stellt, gibt es in unserem Leben doch vielerlei Armut, die den Segen Gottes auf uns herabziehen kann. Die unfruchtbare Frau oder die Mutter, die ihr einziges Kind beweint; der Familienvater, dessen schenkende Liebe für die Seinen an den Grenzen seiner schwachen Gesundheit zerbricht; oder jener Mann auf der Höhe des Ruhmes, dessen Liebe eine frevle Hand zerstört hat – sie alle sind Arme im Sinn des Evangeliums. Wer von uns trägt nicht derlei Wunden: geheime oder offene, aber immer unheilbare? Wüssten wir sie zu erkennen, so würden sie uns zu jenen engen Pforten, durch die wir zur Frohbotschaft des Erlösers Zutritt fänden. Wenn wir die Dinge so sehen, dann werden wir zu unserem Leben, wie es nun einmal ist, Ja sagen können – und das bedeutet zunächst, dass wir über es zu Gericht sitzen müssen, um in unserer Armut das Echte vom Unechten zu scheiden. Echte Armut macht selbstloser, offener, befähigt zu größerer Nächstenliebe; und während sich der Reiche gerne vor Scherereien schützt, gibt es im Hause dessen, der von der Hand in den Mund leben muss, auch für einen ungebetenen Gast immer noch einen Teller Suppe und eine Ecke fürs Nachtlager.[22]

Der Rat der Armut im Leben des Diözesanpriesters

Schauen wir zum Abschluss dieses Kapitels darauf, was der Rat der Armut im Leben eines Priesters, näherhin eines Diözesanpriesters, bedeuten kann. Hier und bei den anderen Räten wird jeweils nicht die spezifische Bedeutung eines Rates im Leben von Ordenschristen erörtert, sondern die Ausführungen beschränken sich auf die Diözesanpriester, weil die Räte in einzelnen Ordensspiritualitäten oft eine spezifische Bedeutung haben, der aufgrund der Fülle unterschiedlicher Akzente hier nicht nachgegangen werden kann.

Im Nachdenken über den Rat der Armut ist der Verfasser sich der Wirklichkeit bewusst, die Franz Kamphaus einmal mit den Worten von Origenes wiedergegeben hat: „Hören wir, was Christus, unser Herr, seinen Priestern vorschreibt: ‚Wer nicht‘, so sagt er, ‚verzichtet auf alles, was er besitzt, kann nicht mein Jünger sein.‘ (Lk 14,33) Ich zittere, wenn ich das sage. Denn vor allen anderen stehe ich hier als mein, ich wiederhole, als mein eigener Ankläger, und Worte, die mich selbst verurteilen, spreche ich [...]. Ich bekenne, ja ich bekenne öffentlich vor den Ohren des Volkes, dass dies so geschrieben steht, auch wenn ich von mir weiß, dass ich es noch nicht erfüllt habe."[23]

Die evangelischen Räte und der Dienst des Priesters sind eng miteinander verbunden. Da ein Priester in seiner Person Jesus Christus als das Haupt der Kirche sakramental darstellt, kann er seinem Leben und seinem Lebensstil nicht irgendeine Form geben. Er ist grundsätzlich an Jesus und an die Form gebunden, die dieser seinem Leben gegeben hat.

Die hierfür maßgebliche Auslegung des Evangeliums für unsere Zeit hat das Zweite Vatikanische Konzil geleistet. Im Konzilsdekret „über Dienst und Leben der Priester" heißt es im Hinblick auf den Rat der Armut:

Die „Priester, deren ‚Anteil und Erbe' der Herr ist (Num 18,20), dürfen die zeitlichen Güter nur in dem Rahmen gebrauchen, der ihnen durch die Lehre Christi des Herrn und von der Weisung der Kirche gesteckt ist. [...] Was die Priester [...] anlässlich der Ausübung eines kirchlichen Amtes erhalten, haben sie [...] in erster Linie für ihren standesgemäßen Unterhalt [...] zu verwenden; was aber davon übrig bleibt, mögen sie dem Wohl der Kirche oder karitativen Werken zukommen lassen. Sie dürfen das kirchliche Amt weder als Erwerbsquelle betrachten noch die Einkünfte daraus für die Vermehrung des eigenen Vermögens verwenden. [...] Sie werden vielmehr zur freiwilligen Armut ermuntert, in der sie Christus sichtbar ähnlich und zum heiligen Dienst verfügbarer werden. Denn Christus ist für uns arm geworden, obwohl er reich war, damit wir durch seine Armut reich würden." (PO 17)[24]

Das ist ein wichtiger Text im Hinblick auf die Frage: Was bedeutet der evangelische Rat der Armut für Priester heute? Er macht deutlich, dass es neben der Zölibats- und der Gehorsamspflicht auch eine Einfachheitspflicht für den Priester gibt. In der Folge des Konzils schreiben sie das Kirchenrecht und Priesterbesoldungsordnungen der Bistümer entsprechend verbindlich vor.[25] Außerdem wird ein über einen *einfachen* Lebensstil hinausgehendes Leben in *Armut* empfohlen, „in der sie [die Priester] Christus sichtbar ähnlich und zum heiligen Dienst verfügbarer werden", und die Priesterkandidaten sollen „in armer Lebensweise" erzogen werden[26]. Das Konzil nennt auch die theologischen Gründe für die Verpflichtung des Priesters zu einem zumindest einfachen Lebensstil. Es zitiert die bereits erwähnte Stelle aus dem zweiten Korintherbrief (8,9): „Er, der reich war, wurde euretwegen arm, um euch durch seine Armut reich zu machen." Der Satz stammt aus dem Abschnitt, in dem Paulus die Korinther zu Spenden für die Jerusalemer Gemeinde aufruft. Es geht also wirklich ums Geld und um konkrete Armut als Lebensstil, wenn Paulus schreibt: Jesus ist arm geworden, damit wir durch seine Armut reich würden. Paulus wendet die Lebenshingabe („kenosis") als das Grundmoment des Lebens und Sterbens Jesu auf den Lebensstil an. Es gilt, den armen Lebensstil Jesu nachzuahmen.

Für den Priester kann hier ein wichtiges Moment der Glaubwürdigkeit seiner Verkündigung liegen. Er, der kraft der Priesterweihe mit seinem ganzen Leben Zeugnis von Kreuz und Auferstehung Jesu geben soll, ist aufgerufen, diese Grunddynamik des christlichen Glaubens auch mit seinem äußeren Leben auszudrücken, indem er auf größeren Besitz verzichtet und in einem einfachen Lebensstil dem Wirken der Vorsehung Gottes Raum gibt. Das Zweite Vatikanische Konzil formuliert entsprechend: Durch die Armut werden die Priester „zu jener Freiheit gelangen, durch die sie – befreit von aller ungeordneten Sorge – gelehrig werden, die Stimme Gottes im täglichen Leben zu hören" (PO 17). Gleichzeitig hilft ein am Rat der Armut orientierter evangelischer Lebensstil zur Freiheit für die Hingabe an den Nächsten.

Die Aufforderung zu einem am Rat der Armut orientierten Leben gilt nach dem Konzil und der gesamten Tradition für den Priester zumal deshalb, weil er vom Geld der Gläubigen lebt. Was ein Priester zu viel an Kirchensteuermitteln verbraucht, das fehlt bei den Aufgaben der Caritas und in den armen Ländern. Heinz Schürmann schreibt: Mit „‚Armut im Geiste' ist es [...] nicht getan". Ein Priester müsste „tief aus dem Bewusstsein leben", von den „Gaben immer nur so viel gebrauchen zu dürfen, wie ihm als lebensnotwendig erscheint. Das Übermaß gehört den Armen."[27]

Armut und Zölibat

Vielleicht ist durch die Konkretionen deutlich geworden, wie sehr der Rat der Armut alle Lebensbereiche umgreift. Das gilt auch für den der Sexualität. Dass Armut und Zölibat etwas miteinander zu tun haben, ergibt sich schon aus der Wahrnehmung, dass die Begründung der Armut bei Matthäus als Sorglosigkeit der Begründung der Ehelosigkeit bei Paulus entspricht. In 1 Kor 7,32–34 ist für Paulus im Hinblick auf seine Empfehlung der Ehelosigkeit das entscheidende Stichwort „sorg-los", das meint „unbeschwert durch Fürsorge", ohne Sorge für Frau und Familie. Paulus schreibt: „Der Unverheiratete sorgt sich um die Sache des Herrn [...]. Der Verheiratete sorgt sich um die Dinge der Welt. So ist er geteilt." Bei der Ehelosigkeit und bei der Armut geht es also um einen spezifisch ungeteilten Lebensstil. Es geht darum, Herz und Kopf frei für Gott und den Dienst an den Menschen zu haben. Deshalb kann es eigentlich nicht sein, dass einer zölibatär lebt, aber keinen armen Lebensstil sucht. Ein reicher Eheloser ist mehr ein Junggesellentyp, der allein bleibt, um das Leben ungeteilt für sich genießen zu können. „Um des Himmelreiches willen" ehelos leben – dazu gehört ganz selbstverständlich der Gedanke der Armut um des Himmelreiches willen.

Mir scheint auch folgender Zusammenhang wichtig: Auf Liebe ausgerichtete Sexualität ist wesentlich ganzheitliches Fasziniertsein von einem anderen Menschen. Wer deshalb ehelos lebt, weil er von Jesus so stark fasziniert ist, dass er sogar auf die Ehe verzichtet, der kann eigentlich nicht auf besondere Weise von Autos, Wohnungen, Häusern, Bankkonten, Reisen oder Ähnlichem fasziniert sein. Es sei denn, er ersetzt die Faszination einer Frau durch ein solches Fasziniertsein an allem Möglichen. Dies zu gestalten ist freilich eine bleibende Aufgabe. So schreibt Madeleine Delbrêl:

> Denn so sind wir gebaut,
> dass wir dich nicht anderen Dingen vorziehen können
> ohne einen kleinen Kampf,
> und dass du, unser Viel-Geliebter,
> immer aufgewogen wirst
> gegen jene Faszination, jene verzehrende Besessenheit,
> die von unseren kleinen Bagatellen ausgeht.[28]

Dazu kommt noch ein weiterer Aspekt: Die Triebhaftigkeit im Bereich der Sexualität ist mit den anderen Trieben verbunden. Wie wir den Besitztrieb kultivieren, wie wir das Genießen beim Essen gestalten, was wir unseren Augen bieten – das alles hat auch seine Auswirkungen in unserem Sexualleben. Natürlich nicht so, dass es hier einfache mechanische Zusammenhänge gäbe. Vielleicht kann man formulieren: Je ruhiger, einfacher, natürlicher und gottverbundener der Lebensstil, desto ruhiger, integrierter, natürlicher und vom Geist getragener die eigene Sexualität. Und umgekehrt: Je unruhiger, komplizierter, reizgefüllter, künstlicher und ichbezogener der Lebensstil, desto unruhiger, triebhafter, reizgetriebener und ichbezogener die eigene Sexualität.

Zur Vertiefung

Mangel als Luxus

Die Seligpreisungen als evangelische Räte

„Mangel als Luxus" hieß schon vor vielen Jahren die Überschrift eines Zeitungskommentars: „Ein jeder stöhnt, je nach Couleur, über sein besonderes Zuviel: zu viel Gewicht [...], Geplauder, zu viele [...] Feste, Fragen, zu viel Wissen, Werbung oder Waren, zu viele Autos, Armeen und Antennen, zu viele Bilder, Bücher und Banausen. [...] Vor lauter Forschern, Fakten

35

und Theorien weiß selbst die Wissenschaft oft nicht weiter. Und wo der Mangel sich trotz alledem meldet, wird er routiniert übergangen: An den permanent gewordenen Zeitmangel haben wir uns schon lange gewöhnt; [...] der Geldmangel ist ohnehin notorisch [...]. Immer gibt es genügend Dinge, die uns über den plötzlich hervorspringenden Mangel hinwegtrösten. [...] Nicht etwa, dass wir uns nach dem Mangel sehnen würden. Aber es beschleicht uns doch gelegentlich das unbestimmte Gefühl, es fehle an allen Ecken und Enden gerade deshalb etwas, weil wir schon so vieles haben. Weil wir so vieles haben, müssen wir uns ständig um dieses sorgen: etwa um den Erhalt von Privilegien, Subventionen und Eigenheimen. Vielleicht fehlt uns einfach Lange-Weile. In der Überflussgesellschaft wird der Mangel zum Luxus."[29] Diese gesellschaftliche Wirklichkeit beschrieb so vor Jahren ein Kommentator in einer Tageszeitung.

„Mangel als Luxus" könnte in etwas anderer Akzentuierung auch eine Überschrift für die Seligpreisungen sein: „Selig, die arm sind vor Gott" – „Glücklich die, die Mangel haben!" Wer das grundsätzliche Privileg hat, an der Überflussgesellschaft teilzuhaben, der kann Gefahr laufen, vor lauter Zuviel nicht mehr zu sehen, was er hat, der blickt durch seine Computerspiele oder Bücher, durch seine DVDs oder Nippsachen schon lange nicht mehr durch. Es fehlt uns an allen Ecken und Enden gerade deshalb etwas, weil wir schon alles haben und weil wir ahnen, dass es mehr als dieses Alles geben muss. Für viele ist einfach alles zu viel. Ständig erreichbar, ständig gut drauf, ständig erfolgreich, ständig etwas Neues haben: Dem Stress, den diese Anforderungen auslösen, sind viele nicht mehr gewachsen. Macht uns das ständige Streben nach äußerem Reichtum, Ansehen und Erfolg nicht müde, ja bringt er manche seelisch und körperlich nicht sogar um? So ist in einer mir bekannten Schule ein Drittel der Oberstufenschüler in psychotherapeutischer Begleitung, um nur ein Beispiel für die Situation in unserer Gesellschaft zu nennen. Liegt deshalb die wirkliche Freiheit im Leben nicht in der Anerkenntnis der eigenen Grenzen als Armut im Sinn des Bedürftigseins? Sind wir als Menschen nicht auch anthropologisch zuallererst Bedürftige, die sich nach Liebe und An-Sehen sehnen – und im Hinblick darauf stets mehr ersehnen, als wir je geschenkt bekommen können? Leben wir nicht aus der Schönheit des Beschenktwerdens, deren Erfahrung aber nur möglich ist, wenn uns etwas fehlt, wenn wir irgendwo bedürftig sind?

Aber kann und möchte ich mich persönlich als Armer verstehen? Das steht natürlich quer zum vordergründigen Lebensgefühl. Wir möchten etwas sein, geachtet werden, Erfolg haben. Doch gehört es nicht zum grundlegenden Selbstverständnis der Christen, arm zu sein? Wir sind getauft, weil wir die Gnade Gottes unbedingt zum Leben brauchen. Wir haben die Firmung empfangen, weil wir der Stärkung und Erleuchtung des Heiligen Geistes bedürfen. Wir hören auf das Wort Gottes, weil wir seine Orientierung benötigen. Wir leben aus der Eucharistie, weil Jesus Christus das einzige wirkliche Lebens-Mittel ist. Christen sind Menschen, die aus dem Beschenktwerden von Gott leben! Eben darauf weisen die Seligpreisungen hin. Wer alles hat, hat eben doch noch nicht alles. „Es muss im Leben mehr als alles geben."[30] Es gibt ein Mehr, das nicht mehr durch Steigerung, sondern nur durch Reduzierung gefunden werden kann. Daher hat oft der wirklich alles, der wenig hat.

„Selig, die arm sind vor Gott!" Die Armen, die hier gemeint sind, sind Menschen, die eingesehen haben, dass Überfluss ein Mangel sein kann. Die Armen vor Gott sind Menschen, die sich mit all ihrem Haben und Nichthaben Gott zuwenden, weil nur er die Fülle ist. Die Armen vor Gott können auch Menschen sein, die sich mit all ihrem Überfluss vor Gott stellen, von dem sie glauben, dass er mehr als alles ist.

„Selig die Trauernden!" Damit können die gemeint sein, die sich Leid oder Tod zu Herzen gehen lassen, statt schnell darüber hinwegzugehen.

„Selig, die keine Gewalt anwenden!" Damit sind die angesprochen, die Geduld haben und abwarten können, statt in vorschnellem Rigorismus Dinge mit Gewalt durchzusetzen. „Selig, die ein reines Herz haben!" Die im Herzen Reinen, das sind die, die es sich leisten, ehrlich und aufrichtig zu sein, statt den eigenen Vorteil durch Gerissenheit zu mehren.

Den Armen und Trauernden, den Gewaltlosen und Reinherzigen ist das Heil verheißen, nicht den Anerkannten und Sunnyboys, nicht den Erfolgreichen und Gerissenen. Die Jünger werden ob ihres Notzustandes seliggepriesen. Und warum? Weil die, denen vieles fehlt, offener sein können für den, der alles ist. Weil die, die sich nicht auf alle mögliche Weise absichern, darin ihr Vertrauen auf Gott zum Ausdruck bringen. Weil die, die ihren Mangel kennen, bereiter sind, sich von Gott, der die Fülle ist, beschenken zu lassen. Und was bringt das? Nach dem Evangelium ist der Lohn der Seliggepriesenen das Finden der eigenen Identität im Leben mit Gott. Die Armen und Trauernden, die Gewaltlosen und Reinherzigen werden nicht zur Entschädigung einfach das Gegenteil davon, also reich und ausgelassen, gewalttätig und gerissen, sondern sie finden eine echte Identität in der Beziehung zu Gott. Die Armen entdecken, dass eben dieses Leben mit Gott der entscheidende Reichtum ist. Die Trauernden finden bei Gott Trost, nicht Verdrängung. Die Gewaltlosen setzen auf die Vollendung des Gottesreiches durch Gott, und die Reinherzigen schauen den, der die Wahrheit ist. Kurz: Gott erweist sich als die Erfüllung des Mangels.

Das kann für uns bedeuten: Leisten wir uns den Luxus des Mangels – wenigstens den Luxus des freiwilligen Verzichts in dem einen oder anderen Bereich. Vielleicht gibt es bei einem etwas, woran das Herz so hängt, dass es für Gott und andere Menschen nicht mehr frei ist. Dann kann der das Himmelreich finden, wenn er sein Herz davon löst. Vielleicht kann einer zu seiner Trauer stehen und dadurch Menschen finden, die ihn trösten, oder selbst anderen Trauernden zum Trost werden. Vielleicht kann einer dadurch, dass er darauf verzichtet, einen anderen auszustechen, selbst zufriedener und glücklicher werden. Vielleicht kann einer dadurch, dass er aufrichtig ist, sich die Last und Verstellung einer ständigen Imagepflege ersparen und so zu sich selbst und zu Gott finden.

Für die Gesellschaft könnten die Seligpreisungen bedeuten: Leisten wir uns den Luxus, anderen zu helfen! Wir können es uns wirklich leisten, wenigstens ein wenig von unserem Überfluss zu teilen mit den Menschen in den Ländern des Südens und mit denen in Osteuropa. Wir laufen Gefahr, an unserem eigenen Luxus zu ersticken, wenn jeder den Luxus nur beim anderen sieht und nicht auch bei sich selbst und wenn die einen Länder den anderen großzügig Bescheidenheit nahelegen, statt zunächst selbst mit dem Bemühen darum anzufangen.

Für die Kirche könnten die Seligpreisungen u. a. bedeuten: Wir versuchen ohne Lamentieren damit zu leben, dass wir im Moment als Kirche nicht besonders glorreich und anerkannt dastehen. Wir leisten es uns bewusst, die bestehenden Fragen und Spannungen auszuhalten, weil wir glauben, dass Gott in solcher Armut den Ansatz zu seinem Wirken findet.

Mangel als Luxus? Jawohl, der Mangel ist für die vielen in unserer Gesellschaft, denen es gut geht, tatsächlich ein Luxus. Gönnen wir uns den! Leisten wir uns den Mangel, bevor wir daran zugrunde gehen, dass alles, was wir haben, zu wenig ist! Es gibt mehr als alles! „Selig, die arm sind vor Gott!"

Wer bereit ist,
sich alles von Gott geben zu lassen,
wird die Erfahrung machen können,
dass sich in seinem Leben Wunder vollziehen.
Johannes Bours

Schatz und Herz

Woran hänge ich eigentlich?

„Wo euer Schatz ist, da ist auch euer Herz." (Mt 6,21 par.). Wenn man es genau bedenkt, dann besagt dieser Satz aus dem Evangelium das Gegenteil von dem, was wir normalerweise denken. Wir meinen, wofür mein Herz schlägt, was mir am Herzen liegt, das ist mir wichtig. Also wo mein Herz ist, da ist mein Schatz. Jesus dreht den Satz und den Sachverhalt um: „Wo euer Schatz ist, da ist auch euer Herz."

Wir denken oft, das Innere sei entscheidend, die innere Haltung, die Intention, das, was das Herz meint. Unser Handeln und Tun sei demgegenüber nur etwas Äußeres. In erster Linie bestimme das Herz den Menschen und nicht sein Tun. Jesus weist uns darauf hin, dass es nur allzu oft umgekehrt läuft. Unser Handeln zeigt uns die realen Vorlieben unseres Herzens. Unser äußeres Tun zeigt uns, wo unsere innere Einstellung nur eine bloße Idee ohne Realitätsgehalt ist. „Da, wo euer Schatz ist, da ist auch euer Herz." Da, wo ihr Zeit, Kraft und Geld investiert, da ist auch euer Herz.

Wir machen uns da manches Mal etwas vor. Bei genauem Zusehen können wir in unserem Leben immer wieder einen Unterschied entdecken zwischen dem, was uns theoretisch wichtig ist, und dem, wofür wir faktisch am meisten investieren. Ich kenne mehr als einen Ehemann, der sagt: „Eigentlich ist mir die Familie das Wichtigste", aber sich kaum Zeit für die Familie nimmt. Ich kenne mehr als einen Jugendlichen, der die Meinung vertritt, dass Kleidung eigentlich nicht so wichtig ist, und sich dennoch zum Winter und zum Sommer neue Sachen zulegt, obwohl die alten noch nicht aufgetragen sind. Da zeigen sich im Tun unsere wirklichen Schätze; es zeigt sich, woran unser Herz wirklich hängt.

Dabei kann alles Mögliche ein Schatz im Sinne Jesu sein: der Beruf, ein Hobby, Geld, Aussehen, aber auch Vorlieben und Haltungen, etwa dass etwas unbedingt so gehen muss, wie ich es will, oder die Suche nach Spaß und Freude um fast jeden Preis. Wenn ich mein Leben nach solchen Schätzen durchforste, entdecke ich, an wie viel Unwesentlichem ich hänge und wie ich dadurch unfrei werde. Es lohnt sich, nach solchen Schätzen im eigenen Leben Ausschau zu halten. Denn „wo euer Schatz ist, da ist auch euer Herz".

Interessanterweise lautet die wörtliche Formulierung des Evangeliums etwas anders, nämlich: „Wo euer Schatz ist, da wird auch euer Herz sein." Jesus weist uns nicht nur auf den Unterschied von innerem Wollen und tatsächlichem Schatz hin. Er macht uns noch auf etwas anderes aufmerksam: Woran wir faktisch hängen und was wir tatsächlich tun, das prägt auf die Dauer mehr und mehr unsere innere Einstellung. Was im Alltag faktisch für uns Bedeutung hat, das schlägt immer mehr auf unser Inneres durch. „Wo euer Schatz ist, da wird auch euer Herz sein."

Jesus weiß um die „normative Kraft des Faktischen". Was wir tun, worum wir uns tatsächlich kümmern, wofür wir Zeit, Kraft und Geld investieren, das prägt uns auf die Dauer. Das innere Wollen und das äußere Tun dürfen deshalb nicht zu sehr auseinandergehen. Sonst wird über kurz oder lang das äußere Tun die innere Einstellung prägen. Wir werden, was wir tun. „Wo euer Schatz ist, da wird auch euer Herz sein."

Und Jesus geht es um noch mehr. Dass wir uns über unsere wirklichen Schätze etwas vormachen und auf die Dauer werden, was wir tun, das sind nur zwei Aspekte des Satzes von Schatz und Herz. Jesus weist uns auch darauf hin, dass wir mit dem falschen „Ein-Schätzen" unserer Schätze nicht nur an uns selbst vorbeileben, sondern auch an dem, der die Mitte unseres Lebens bilden sollte, der der Wesentliche ist – Gott. Die Beziehung zu Gott ist ja der entscheidende Schatz unseres Lebens.

Er ist der wichtigste Schatz, weil er uns hilft, unser Leben wirklich menschlich zu leben und nicht selbstgemachten Lebensideologien zu verfallen. Gott ist der wichtigste Schatz, weil er uns zeigt, was die wirklichen Relationen im Leben sind. Dadurch werden wir davon frei, zu sehr an bestimmten Dingen und Vorlieben zu kleben. Der Blick auf Gott relativiert unsere alltäglichen Erlebnisse und macht uns gelassener, indem wir auf ihn vertrauen und nicht auf uns selbst. Gott ist der wichtigste Schatz, weil er im Kreuz auch unser Leid der bloßen Sinnlosigkeit entreißt. Und Gott ist der wichtigste Schatz, weil er uns Leben schenkt, wenn dieses Leben vorbei ist.

Doch was entspricht dem faktisch in unserem Leben? Zeigt unser Alltag, dass Gott der größte Schatz unseres Herzens ist?

**Alles und jedes kann zum Objekt der Begierde werden:
Gegenstände des täglichen Lebens, Besitz, Rituale,
gute Taten, Wissen und Gedanken.
Alle diese Dinge sind nicht an sich „schlecht",
sie werden schlecht,
das heißt, sie blockieren unsere Selbstverwirklichung,
wenn wir uns an sie klammern,
wenn sie zu Ketten werden,
die unsere Freiheit einschränken.[31]**

„Ich Armer"

Armut in mir

Im Buch Jesaja sind die Armen ein immer wiederkehrendes Thema, das zur persönlichen Reflexion anregen kann.[32] Zwei Gedanken scheinen mir besonders hilfreich:

1. Die Armen sind im Buch Jesaja die sozial und materiell Armen, die der Willkür der Reichen ausgeliefert sind. Rechtlosigkeit und Ausgeliefertsein kennzeichnen die Armen. Wer

arm ist, leidet nicht nur an seiner Armut, sondern auch an denen, denen er durch seine Armut ausgeliefert ist. Den Armen gilt in ihrem Ausgeliefertsein die besondere Zuneigung Jahwes.

2. Diese Theologie bietet den Hintergrund für die weitere exilische und nachexilische Armenreflexion. Ein großer Teil der Exilierten hat sich durch die Elendserfahrung des Exils vom Jahwe-Glauben abgewandt. Die Armen in deuterojesajanischer Sicht sind nun die, die auch und gerade im Exil und nach dem Exil weiterhin an Jahwe und seiner Rettungsmacht festhalten. Ja, nur diejenigen gehören zu Jahwes Volk, die sich als Arme in ihrer Ohnmacht ganz dem Trost und Erbarmen Gottes anvertrauen. Ihre Armut ist ihre Chance!

Was kann das für uns heißen?

1. Wir sind arm, wo wir leiden und uns ausgeliefert fühlen. Und dort gilt uns besonders die Zuneigung Gottes. Wo ich leer bin und ausgebrannt, wo meine Bedürfnisse und Sehnsüchte nicht erfüllt werden, wo ich zu kurz komme, wo ich verletzt bin, wo ich versage – da gilt mir die besondere Zuneigung Gottes! Ja, noch mehr:

2. Wenn einer vor seiner äußeren oder inneren Armut nicht wegläuft, sondern sie vor dem Hintergrund der Botschaft Jesu annimmt, dann birgt diese Armut eine Chance in sich. Das ist immer wieder die Botschaft der Bibel: Unsere ungestillten Bedürfnisse, unsere Nöte, unsere Sehnsüchte, unsere Verletzungen, unser Zu-kurz-gekommen-Sein, unser Nichtkönnen, unser Versagen – sie sind *die* Chancen unseres Lebens.

Unsere Ideale, unser Können, unsere Stärken sind wichtig. Aber die eigentlichen Aufbrüche unseres Lebens geschehen da, wo wir arm sind und es wagen, unsere Armut wahrzunehmen. Meine Aufbrüche haben da begonnen, wo ich meine Armut nicht übertüncht habe, wo ich nicht vor ihr weggelaufen bin, sondern wo ich zu Gott gelaufen bin. Gott möchte, dass wir ihm unsere Schwächen anvertrauen. Es sind die Armen, Hinkenden und Schwachen, die Gott um sich versammelt! Das war in den Jahrhunderten vor und nach dem Exil so. Das war bei Jesus so. Sollte es heute anders sein?

Am Ende bleibt die eine Frage Jesu – für jeden persönlich: „Glaubt ihr, dass ich euch helfen kann?" (Mt 9,28)

Armut ist ein Geschenk

Anregungen durch die heilige Mutter Teresa von Kalkutta

„Die Armut ist ein Geschenk Gottes", habe eine Schwester der Missionarinnen der Nächstenliebe, die Mutter Teresa gegründet hat, bei einem Pressegespräch gesagt. „Die Armut ist ein Geschenk Gottes."

Man konnte dem Redakteur des Zeitungsartikels, dem ich dieses Zitat entnommen habe, die Fassungslosigkeit anmerken, die ihn bei diesem Satz getroffen hat. Wie kann die Armut ein Geschenk sein, angesichts des Leids so vieler Menschen?

Bemerkenswert ist, dass der Kritiker der Armut ein Leben in Armut gar nicht kennt. Und dass die, von der der schwierige Satz stammt, selbst tagtäglich die Wirklichkeit der Armut bei sich und in ihrer Umgebung erfährt. Ob es also doch einen Sinn hat, davon zu sprechen, dass die Armut ein Geschenk Gottes ist?

In einem Buch mit Worten von Mutter Teresa fand ich erklärende Sätze: Unsere Armut „ist Wissen um unsere Bedürftigkeit, die sich in der Hoffnung auf Gott ausdrückt, in der Bereitschaft, alles von Ihm, dem Vater, zu empfangen. [...]

Die Armut macht uns frei. [...] Um den Armen gleich zu sein, wählten wir in allem ihre Armut, nicht das Elend."[33]

Es gibt also offenbar die Erfahrung, dass Bedürftigkeit und Armut frei machen für Gott und die Menschen, weil keine eigenen Bedürfnisse von ihnen ablenken. Dabei unterscheidet Mutter Teresa zwischen der Bedürftigkeit der Armut und dem Elend, das von Krankheit, Einsamkeit und Verwahrlosung geprägt ist. Armut als totale Bedürftigkeit in Angewiesenheit auf Gott und andere Menschen sowie als Freiheit für Gott und die Menschen – diese Armut kann man offenbar als Geschenk erfahren.

Wir rühren damit an das Geheimnis von Tod und Auferstehung Jesu, an die Umwertung der Werte durch die Dynamik des Kreuzes: Letzte werden Erste, Kleine sind groß und im Tod ist das Leben. Eine Lehre, die schwer zu verstehen und leicht misszuverstehen ist. Wir rühren hier an das innerste Geheimnis des christlichen Glaubens, das von unserer Vernunft nur begrenzt eingesehen werden kann.

Wenn wir aber anfanghaft die Erfahrung machen, dass Bedürftigkeit Freiheit schenkt, dass wirkliche Größe in Kleinheit bestehen kann und durch Leiden hindurch sich neues Leben erschließt, dann können wir eine Ahnung davon bekommen, was es heißen mag, dass die Armut ein Geschenk Gottes ist.

Was können Anwege zu dieser Erfahrung sein?

Jesus stellt einmal ein Kind in die Mitte der Jünger, um sie auf diese wesentliche Wirklichkeit des Glaubens hinzuweisen. Und er verspricht ihnen: „Wer ein solches Kind in meinem Namen aufnimmt, der nimmt mich auf." (Mt 18,5) Jesus ermuntert dazu, die konkrete Erfahrung der Kleinheit zu machen – etwa im Umgang mit Kindern und in der konkreten Zuwendung zu Menschen, die ähnlich wie Kinder bedürftig sind.

Mutter Teresa hat dieses Wort wörtlich genommen und die elternlosen Kinder in Kalkutta in ihre Häuser aufgenommen. Sie steht damit in einer langen Reihe von Christen, die aus diesem Impuls des Evangeliums heraus Menschen geholfen haben. „Was ihr einem meiner geringsten Brüder getan habt, das habt ihr mir getan", sagt Jesus (Mt 25,40).

Aus dieser Liebe zu Gott und den Menschen heraus haben katholische Christen in Orden und karitativen Vereinigungen durch die Jahrhunderte hindurch verschiedenste Initiativen gegründet, die sich um Menschen kümmern, die in Not geraten sind. Der Impuls des Evangeliums hat zu einer unübersehbaren Welle der Nächstenliebe und Hilfe geführt.

Die Herausforderung der Caritas geht uns alle an, wo wir den „Kleinen" im Sinn des Evangeliums begegnen. Da können die Missionarinnen der Nächstenliebe in Indien, viele andere Orden und die organisierte Caritas-Arbeit Anstöße für uns sein.

Die „Kleinen" des Evangeliums gibt es ja in der unmittelbaren Umgebung von jedem. In jeder Nachbarschaft gibt es einsame Menschen oder Alte und Kranke, die auf einen Besuch warten. In Schulen und Betrieben gibt es Menschen, denen alle ausweichen, weil sie als schwierig empfunden werden.

Ein weiterer Anweg könnte es sein, an einem Punkt zu versuchen, etwas wegzulassen, das mir wichtig, aber überflüssig ist, das also meinen Reichtum ausmacht. Da gibt es unbegrenzte Experimentiermöglichkeiten. Es lohnt sich z. B. auszuprobieren, wie es ist, wenn man einen Tag in der Woche oder sogar eine ganze Woche mal nicht vor dem Fernseher sitzt. Es kann sinnvoll sein, die Spiele vom PC zu löschen und dadurch Zeit für anderes zu finden. Für einen anderen könnte es wichtig sein, sich einige Wochen keine neuen CDs oder DVDs zu kaufen usw. Nach meiner Erfahrung ist es sinnvoll, wirklich etwas zu nehmen, was einem lieb und teuer, aber eben im Grunde überflüssig ist.

Wenn ich ohne Druck in innerer Freiheit wenigstens eine Zeit lang davon lasse, dann kann ich die Dynamik des Glaubens erfahren, dass Verzichten tatsächlich freier macht und dass Armut ein Geschenk sein kann.

Wenn einen das in der Tiefe packt, dann erfährt er auch, wie es möglich ist, zunehmend im konkreten Alltag aus dem Vertrauen auf Gott zu leben und sich immer mehr von ihm schenken zu lassen.

Mutter Teresa sagte einmal:

Wir besitzen so vieles,
dass wir das Kleine und Arme nicht beachten. [...]
Das Leiden Christi und die Eucharistie
müssten uns die Augen öffnen
für den Wert der Kleinheit.
„Das ist mein Leib, nehmt und esst" –
ein kleines Stückchen Brot.[34]

Nachhaltiger Lebensstil

Vor Kurzem fragte ein Klimaforscher in einer Runde von Wissenschaftlern verschiedener Fachrichtungen, ob der christliche Glaube einen Beitrag zur Nachhaltigkeit leisten könnte. Nach kurzem Erstaunen waren sich die Theologen einig: Der Glaube ist *grundsätzlich* nachhaltig. Denn die „Umwelt" ist für Christen die Schöpfung Gottes und hat als solche eine eigene Dignität. Sie ist dem Menschen gegeben, damit er sie „hüte" (Gen 2,15). Als Ursünde erscheint in der Bibel, dass Adam und Eva etwas konsumieren, auf das sie kein Recht haben. Die Seligpreisungen (s.u.) und die ganze Verkündigung Jesu wollen diese Ursünde, die zu einer strukturellen Sünde der Menschen geworden ist, korrigieren und laden dazu ein, mit anderen Menschen liebevoll umzugehen, indem man ihnen und ihren Bedürfnissen Priorität vor den eigenen Bedürfnissen einräumt. Was könnte nachhaltiger sein?

Angesichts der dramatischen wirtschaftlichen und sozialen Lage in den Ländern des Südens und angesichts eines dramatischen Klimawandels ist ein nachhaltiger Lebensstil *das* Desiderat für alle Menschen auf der Welt, insbesondere für uns in den Industrieländern. Wir dürfen nicht länger auf Kosten der Menschen in den südlichen Ländern leben. Hier nur ein paar Daten:

Rund 800 Millionen Menschen hungern – jeder neunte Weltbürger. Es gibt mehr hungernde Menschen auf der Welt als Einwohner in ganz Europa. Hunger verursacht mehr Todesfälle als HIV/Aids, Malaria und Tuberkulose zusammen. Ambroise Ouédraogo, der Bischof der Diözese Maradi im afrikanischen Staat Niger, beklagte vor Kurzem die folgenschweren Konsequenzen des Hungers in seinem Land: „So leiden beispielsweise 42 Prozent der Kinder in Niger unter chronischer Unterernährung."

Ursachen des Hungers liegen auch in ungeeigneten politischen Strukturen (z. B. Zentralismus, Korruption, unfähige Politiker und Chiefs), in der ungerechten Verteilung von Land, mangelnden landwirtschaftlichen Kenntnissen und Naturkatastrophen. Aber ein großer Teil geht direkt auf den Verbrauch in den nördlichen Ländern zurück. Die Massenproduktion beispielsweise von Soja und Mais für Biosprit für Europa und die USA führt unmittelbar zu geringerem Anbau von Nahrungsmitteln in den südlichen Ländern, die dort so notwendig gebraucht würden. Außerdem wird dadurch nach wie vor die Rodung des Regenwaldes fortgesetzt, der für das Weltklima so entscheidend ist. Der Klimawandel führt bereits heute in vielen Ländern zu einschneidenden Veränderungen des Klimas, die die heimische Landwirtschaft erheblich beeinträchtigen.

Der evangelische Rat der Armut bewirkt, dass jeder, der sich auf ihn einlässt, weniger verbraucht, in der Regel nur so viel,

48

wie er wirklich zum Leben braucht. Dadurch wird einerseits das Klima geschont und andererseits werden Ressourcen für die Menschen frei, die nicht genügend zum Leben haben. Wie könnte das konkret aussehen? In Kursen mit Priesterkandidaten wurden u. a. folgende Ideen entwickelt, die ich als Anregungen anführe:

- Einen spürbaren Teil des zur Verfügung stehenden Geldes (z. B. 3 % oder 10 %) für weltweite karitative, soziale oder missionarische Arbeit zur Verfügung stellen
- Den eigenen Konsum grundlegend überprüfen und zwischen Notwendigem und Luxus unterscheiden
- Grundregel: Eher einfache und preiswerte Dinge einkaufen als luxuriöse und teure – natürlich soweit dies mit fairem Handel vereinbar ist
- Kein Einkauf nur aus Spaß
- Dinge gemeinsam gebrauchen: Fernseher, Gartengeräte, Auto u. a.
- Eigene Dinge gern verleihen und wo möglich auch gern verschenken
- Essgewohnheiten überdenken
- Energie sparen: Haushalt, Heizung, Auto, Reisen
- Obdachlose wahrnehmen, achten und ihnen helfen
- Fasttage an Freitagen und den gebotenen Fasttagen sowie in der Fastenzeit einhalten – auch als Zeichen der Solidarität mit den Hungernden
Wie wäre es, wenn wir den Freitag als fleischlosen Tag wieder ins Bewusstsein heben würden? Das täte indirekt den Menschen in den Entwicklungsländern gut, wäre ein Zeichen der Solidarität mit ihnen, für uns selbst gesund und für gläubige Christen eine gute geistliche Übung im Gedenken an den Kreuzestod Jesu.

Im Hinblick auf die grundsätzliche Gestaltung der Ernährung schlage ich eine „5er-Regel" vor:

1. **So einkaufen, dass man nichts wegwerfen muss**
   Die Hälfte aller Lebensmittel landet im Müll. Weltweit werden jährlich bis zu zwei Milliarden Tonnen aller produzierten Nahrungsmittel weggeworfen. Jeder zweite Kopfsalat, jede zweite Kartoffel und jedes fünfte Brot landen im Müll. Das entspricht ungefähr 500.000 LKW-Ladungen pro Jahr. Viele Lebensmittel werden direkt vom Acker in den Müll geworfen, weil alles perfekt aussehen soll. Knapp 82 Kilogramm pro Jahr wirft aber jeder Bürger in Deutschland im Schnitt selbst weg. 61 % aller weggeworfenen Lebensmittel werden von Verbrauchern weggeworfen, davon 64 % Obst, Gemüse und Backwaren.
2. **Vorrangig saisonale Lebensmittel kaufen**
3. **Regionale Produkte bevorzugen**
4. **Tendenziell mehr Getreide- und Gemüseprodukte und weniger Fleisch und Fisch essen**
   Viele Ackerflächen stehen zur lokalen Nahrungsmittelproduktion nicht mehr zur Verfügung, weil sie zur Produktion von Futtermitteln für den Export genutzt werden. Allein für die deutsche Tiermast wird in Lateinamerika auf etwa drei Millionen Hektar Soja angebaut. Pro Kilo Rindfleisch werden ca. 15.000 Liter Wasser verbraucht und ca. 15–25 Kilogramm Treibhausgase ausgestoßen. Ein Rind muss 6 Kilogramm Sojabohnen oder 16 Kilogramm Weizen fressen, um 0,200 Kilogramm Fleisch zu liefern. Mehr als 60 Kilogramm Fleisch isst der Bundesbürger pro Jahr. Jeder Deutsche verzehrt im Laufe seines Lebens durchschnittlich 1.094 Tiere.
   Als Alternative bieten sich „Omas Hausrezepte" an: Pfannkuchen, Kartoffelpuffer, Milchreis, „Arme Ritter", Nudelgerichte, Gemüseeintöpfe und so weiter.
5. **Möglichst Produkte mit entsprechenden Siegeln kaufen**
   Zum Beispiel „Fair Trade", „Bio", „MSC" oder „WWF".
   Wie soll sich eine Familie, die von Sozialleistungen leben muss, solche Lebensmittel leisten? Eine ökologisch nachhaltige Ernährung muss nicht teurer sein. Saisonale und

regionale Lebensmittel sind ja meist billiger als andere. Und inzwischen gibt es in fast jedem Supermarkt auch viele preisgünstige Produkte mit Fair-Trade- und Bio-Siegel. Vor allem aber spart man viel Geld, wenn man weniger Fleisch und Fisch isst.

Ein Lebensstil, der sich bewusst am evangelischen Rat der Armut orientiert, kann auch für andere ein Zeichen sein. In der Gesellschaft werden so Verhaltensweisen entwickelt, die nach und nach zu politischen Veränderungen führen können und schließlich zu einer Politik, die eine stärkere Bekämpfung des Elends und eine gerechte Verteilung der Güter auf der Welt verfolgt.[35]

„Eine arme Kirche für die Armen" (Papst Franziskus)

Herausforderungen für eine Kirche auf dem Weg[36]

Drei Tage nach seiner Wahl hat Papst Franziskus in seiner ersten Audienz für Medienvertreter erklärt, warum er den Namen Franziskus gewählt hat. In diesem Zusammenhang sagte er: „Ah, come vorrei una Chiesa povera e per i poveri! – Wie sehr wünschte ich die Kirche arm und für die Armen!"[37] Dieser Satz bildet eine zentrale inhaltliche Säule des Pontifikats von Papst Franziskus. Dementsprechend wiederholt er diese Aussage in dem für sein Pontifikat grundlegenden Apostolischen Schreiben *Evangelii gaudium*. Dabei wählt der Papst eine noch deutlichere Formulierung: „desidero una Chiesa povera per i poveri – ich wünsche eine arme Kirche für die Armen."[38]

Dieses inspirierende Wort von Papst Franziskus möchte ich als Ausgangspunkt nehmen für Überlegungen, welche Bedeutung der evangelische Rat der Armut für die Kirche, insbesondere in Deutschland, aktuell haben könnte.

1. Eine reiche Kirche ist gut für die Armen

Was hat das aber nun mit der Kirche zu tun? Die Kirche als Ganze kann schließlich nicht auf dieselbe Weise den Rat der Armut leben, wie dies ein Einzelner kann. Kann überhaupt eine arme Kirche etwas für die Armen bewirken? Braucht es zur Hilfe für die Armen nicht Institutionen und Geld?

Der Jesuit Jörg Alt schreibt: „Welche Kirche wünschen sich die Armen selbst? Als die Nürnberger Jesuitenmission Arme im In- und Ausland, Projektpartner sowie Freiwillige in armen Ländern bat, ihre Meinung zum Papst-Wunsch zu äußern, waren die Antworten ebenso überraschend wie eindeutig: Die Armen wünschen sich keine materiell arme Kirche. Sie wollen eine Kirche, die glaubwürdig an ihrer Seite steht, materiell ihre Armut lindert und ihnen darüber hinaus hilft, dass sie sich aus ihrer Armut befreien können – also eine Kirche, die Hilfswerke, Krankenhäuser und Schulen unterhält und effektive Anwaltschaft für die Armen betreibt."[39]

Diesbezüglich ist die Kirche in Deutschland in vielem ein positives Beispiel: Allein im Rahmen des „Deutschen Caritasverbandes" sind heute mehr als 400.000 hauptamtliche Mitarbeiterinnen und Mitarbeiter tätig. Hinzu kommen über eine Million ehrenamtliche Helferinnen und Helfer in Caritaskonferenzen, Vinzenzkonferenzen, Krankenbesuchsdiensten und anderen Gruppen. Welche unübersehbare Welle der Nächstenliebe und Hilfe wird hier deutlich!

Auch sonst schafft die finanzielle Ausstattung der Kirche in Deutschland die Voraussetzung für viele für Kirche und Gesellschaft positive Impulse. Wir können ein umfangreiches Personal für die Seelsorge bezahlen. Wir haben Kindertagesstätten und Schulen, die gute Erziehungsarbeit leisten. Weil diese Erfahrungen unmittelbar ins Auge stechen, brauche ich sie nicht lange auszuführen.

Zudem kann die Kirche grundsätzlich unabhängig vom Staat sein. Das bietet der Kirche eine große Freiheit, die es ihr ermöglicht, den Glauben frei, unverfälscht und ohne staatliche Einschränkung zu verkünden.

Eine finanziell reiche Kirche kann somit gut für die Armen und für die Verkündigung des Glaubens sein. Brauchen deshalb nicht gerade die Armen eine reiche Kirche?

2. Aber ...

Wenn wir nun den Papst nicht als Träumer abstempeln, sondern uns von ihm anregen lassen wollen, dann lohnt es sich, nicht einfach bei diesem Befund stehen zu bleiben, sondern zu fragen, inwiefern der evangelische Rat der Armut uns als Kirche etwas zu sagen hat.

Prägt nicht tatsächlich der relative Reichtum uns als Kirche? Haben wir als Kirche nicht manches Mal einen Lebensstil, der über dem des Durchschnitts der Bevölkerung und erst recht der Armen liegt? Schafft dies nicht eine Gewohnheit des Schönen, der technischen Ausstattung und des Bequemen, die im Sinn der normativen Kraft des Faktischen Erwartungen und Ansprüche prägen und uns so hineinziehen in ein Konsumdenken, das wir theoretisch ablehnen?

Braucht unsere Gesellschaft nicht Menschen, die Ja sagen zu ihren Grenzen, ihrem Unvermögen und ihren Schwächen? Braucht unsere Gesellschaft nicht Menschen, die vorleben, dass eingeschränktes Leben sehr qualitätsvolles Leben sein kann? Angesichts der Tötung vieler Kinder mit Behinderungen im Mutterleib, angesichts der Diskussion um assistierten Suizid, wenn das Leben nicht mehr lebenswert erscheint, und angesichts einer unbändigen Suche nach Glück oder Glücksmomenten bei vielen Jugendlichen braucht es Menschen, die Zeugnis davon geben, dass Glück in der freien Annahme, ja sogar Wahl von Beschränkung liegen kann, weil auch das Leben mit Beschränkungen große Qualität hat und weil Gott die Erfüllung und das Ziel ist. Das ist die Botschaft der Armut –

eine Botschaft der Freiheit, die befreit von dem Besitz, den so viele Dinge über uns ergreifen wollen, wenn wir meinen, sie besitzen zu müssen.

Die These, die ich im Folgenden entfalten möchte, lautet daher: Der evangelische Rat der Armut ist ein entscheidender Impuls für den Weg des Einzelnen, der Kirche und der Gesellschaft in die Zukunft.

3. Armut und Kirche

1. Sich der eigenen Armut stellen

Im Hinblick auf die Kirche als Ganze ist gerade in Deutschland die Armut der Kirche jenseits ihres materiellen Reichtums offenkundig. Besteht die Armut der Kirche nicht etwa darin, dass sie von vielen aus verschiedenen Gründen verachtet wird – oft leider sogar aufgrund von Fehlern oder gar Verbrechen, die Priester oder Bischöfe begangen haben? Ein Leben aus dem Geist der Armut im Sinn des Evangeliums bedeutet hier vielleicht ein Hineinwachsen in die Demut, diese Situation als Armut anzunehmen und über sie nicht nonchalant hinwegzugehen, sondern Konsequenzen zu ziehen, wie es viele in der Kirche derzeit versuchen.

Besteht die Armut der Kirche nicht auch darin, dass sie nicht auf alle Fragen und Herausforderungen der Gesellschaft eine für alle akzeptable Antwort hat? Auf die komplex und schnell geschehenden gesellschaftlichen Veränderungen lassen sich oft nicht mit der gewünschten medial erfolgreichen Leichtigkeit vom Evangelium her Antworten finden. Wer der Tiefe der Bedeutung der Wahrheit für den Menschen gerecht werden will, muss Spannungen mit den Wünschen des Mainstreams aushalten und nach Antworten suchen, die die Herausforderungen der Gesellschaft ernst nehmen *und* dem Evangelium gerecht werden.

Wir sind arm – auch im Hinblick auf die Pastoral! Wir wissen nicht wirklich, wie wir heute den Glauben so verkündigen können, dass er mehr als einzelne Menschen anzieht. Es gibt nicht *das* Handbuch, in dem die Antworten auf die pastoralen Herausforderungen der Zeit stehen. Ob große oder kleine Pfarreien: Die Menschen laufen uns weg. Ob evangelische Kirche mit Frauen als Pfarrer, ehrenamtlichen Laienprädikanten, Segnung von gleichgeschlechtlichen Paaren – oder katholische Kirche ohne all das: Die Zahl der Kirchenmitglieder, der Gottesdienstbesucher und der ehrenamtlich Aktiven sinkt in beiden Kirchen. Zunehmend oft erlebe ich, wie Priester und pastorale Mitarbeiterinnen und Mitarbeiter ausgebrannt sind. Die Ursachen sind häufig nicht nur die viele Arbeit, sondern dass die viele Arbeit in keinem Verhältnis zu einer Nachhaltigkeit steht.

Gestehen wir uns diese Armut zu und laufen wir nicht hinter schnell zu verwirklichenden Konzepten her, die doch nicht funktionieren! Besteht nicht die Notwendigkeit, Pfarrei, Bistum und Kirche in Deutschland von Grund auf neu zu buchstabieren, ohne zu wissen, was genau dabei herauskommt? Und müssen wir nicht Abschied nehmen von bestimmten Kirchenbildern und Denkweisen – etwa von den vermeintlichen Alternativen wie Volkskirche oder Gemeindekirche, soziales Engagement oder Frömmigkeit, Klerikerkirche oder Laienkirche?

Für die Kirche in Deutschland könnte es eine wichtige Hilfe sein, sich in diesem pastoralen Sinn als arm zu begreifen. Das könnte bedeuten: Wir versuchen, ohne Lamentieren anzunehmen, dass wir im Moment nicht erfolgreich und anerkannt sind. Wir könnten es uns zudem bewusst zumuten, die bestehenden Fragen und Spannungen auszuhalten und anzuschauen, weil wir glauben, dass Gott in solcher Armut den Ansatz zu seinem Wirken findet.

2. Hinwendung zu den Armen

Wenn die Kirche sich so ihrer eigenen Armut bewusst wird, kann darin ein Impuls liegen, sich den auf verschiedene Weise Armen zuzuwenden. Denn wohl nur eine Kirche, die ihre eigene Armut sieht, kann sich wirklich von den Armen und den Opfern her verstehen, mit ihnen leben und für sie wirken. Entscheidend dabei ist, dass die Ausrichtung auf Arme für die Kirche konstitutiv ist. Eine Kirche, die nicht für die Armen da ist, ist gar nicht im Vollsinn Kirche. Denn die Kirche ist ja der mystische Leib dessen, der arm in die Welt gekommen und in äußerster Armut am Kreuz gestorben ist, um den Armen und Sündern das Heil zu bringen, wobei Sünder ja nichts anderes sind als geistlich Arme, Menschen, die der Erlösung und Befreiung bedürfen. Deshalb kann die Kirche nicht nur eine Kirche *für* die Armen sein. Sie muss vielmehr eine Kirche *mit* den Armen, ja sogar *der* Armen sein.

Gehen wir als kirchliche Gemeinschaft und als Einzelne wirklich genug und konkret auf die zu, die Zuwendung besonders brauchen? Was sind die wirklichen Schwerpunkte der Pastoral in Bistümern und Pfarreien? Wie steht es um die konkrete Zuwendung zu Arbeitern und Arbeitslosen oder zu Kindern und Jugendlichen aus prekären Lebensverhältnissen – um nur wenige Beispiele zu nennen? Sind wir „nur" *für* sie da oder *mit* ihnen Kirche? Doch ich denke nicht nur an materiell Arme. Stehen z. B. trauernde und alte Menschen oder aus der Kirche Ausgetretene und Glaubensferne genug im Mittelpunkt unseres Denkens, Betens, Redens und Handelns? Braucht es hier nicht eine tiefgreifende Bewusstseinsänderung? Wie viel Energie, Zeit und Geld investieren wir wofür? Geht es um die Bewahrung dessen, was die katholische Kirche aktuell hat, oder um die Suche nach den heute entscheidenden gesellschaftlichen Herausforderungen? Kennen wir die Armen in unserer Gesellschaft, in der es neben offenkundiger so viel versteckte Armut und vermehrt auch sogenannte Wohlstandsverwahrlosung gibt?

Wenn Gott ein Liebhaber der Armen ist, wo kommen sie in meinem Leben vor? Diese Frage beschäftigt mich immer wieder, seit sie mir auf dem Katholikentag in Freiburg 1978 zum ersten Mal aufgegangen ist. Dort konnte ich im überfüllten Freiburger Münster an einem Gottesdienst teilnehmen, in dem u. a. Mutter Teresa sprach. Ein Satz hat mir ins Herz geschnitten. Mutter Teresa fragte: „Kennt ihr die Armen eurer Stadt?" Und ich wusste: Ich kenne sie nicht! Seitdem versuche ich, immer wenigstens einem Armen für eine gewisse Zeit konkret nahe zu sein. Würde es die Kirche nicht stärken, wenn wir auch hier gemeinsam neue Wege suchen würden? Unsere Sendung ist es, mit den Armen Kirche zu sein. Deshalb müssen wir sie entdecken und auf jeden Fall zu ihnen hingehen. Denn wo die Kirche wirklich bei den Armen ist, da lebt sie wirklich die Liebe Gottes.

3. Armut und Zeugnis

Zeugnis zu geben von Gott, seiner Liebe und seiner Botschaft ist eine zentrale Aufgabe der Kirche. Kann eine als reich wahrgenommene Kirche dieses Zeugnis geben? Die vergangenen Jahre haben gezeigt, dass weite Teile unserer Gesellschaft eine reiche oder mindestens als reich empfundene Kirche mit Entschiedenheit ablehnen. Die aktuelle finanzielle Gestalt der christlichen Kirchen wird als inakzeptabel empfunden. Die Diskussion in den Medien brauche ich nicht nachzuzeichnen. Sie ist offenkundig und brennt auf den Nägeln, ja mehr noch: Sie versengt das Herz der Kirche. Das Zeugnis einer Kirche, die – warum auch immer – als reich und selbstbezogen erscheint, ist auf eine Weise verdunkelt, dass das so großartige Licht des Evangeliums oft nicht mehr zum Leuchten kommt. Eine Kirche, die so wahrgenommen wird, dass sie gegenüber anderen Gruppen Privilegien hat, muss in einer pluralen und säkularen Gesellschaft auf Ablehnung stoßen. Papst Benedikt XVI. nahm in seiner Freiburger Rede am 25. September 2011 einen Gedanken der Konzilskonstitution *Gaudium et spes* auf – und Ideen von Papst Franziskus vorweg, als er formulierte: „Die von materiellen und politischen Lasten und Privilegien befreite Kirche kann sich besser und auf wahrhaft christliche Weise der ganzen Welt zuwenden, wirklich weltoffen sein.“[40] Trifft dieser Satz nicht die Erfahrungen gerade der vergangenen beiden Jahre? Es ist wichtig, dass die Art der finanziellen Ausstattung der Kirche in Deutschland die Verbreitung des Evangeliums fördert und nicht behindert.

Diesbezüglich stellt Norbert Feldhoff in einem Aufsatz in den *Stimmen der Zeit* anregende Fragen: „Kann die katholische Kirche in Deutschland [...] warten, bis der Bundestag Grundsätze für die Ablösung der Staatsleistungen aufstellt? Seit fast 100 Jahren besteht dieser Verfassungsauftrag und wurde nicht erfüllt. Wäre es nicht an der Zeit, mit neuen, kreativen Vorschlägen auf die Länder zuzugehen, um zu einvernehmlichen Lösungen zu kommen?“[41] Die Logik der evangelischen Armut im Hinblick auf die Kirche ist: Die Kirche kann ärmer sein und gerade deshalb viel tun! Eine größere Armut beschränkt sie sicher in vielfacher Hinsicht, aber ermöglicht auf andere Weise ein tieferes und lebendigeres Zeugnis.

Was tun wir deshalb angesichts des erodierenden Systems der Kirchensteuer? Das deutsche Kirchensteuersystem hat für die Kirchen und auch für Gesellschaft und Staat viele Vorteile. Doch es nützt nichts, wenn diese positiven Seiten nur von offiziellen Vertretern der Kirchen vorgetragen werden. Ein System wie das der Kirchensteuer muss von weiten Teilen der Gesellschaft getragen sein. Dies ist aus verschiedenen Gründen oft nicht mehr der Fall. Was tun? Was tun angesichts der Tatsache, dass der größte Teil der Einnahmen aus der Kirchensteuer in die Bezahlung der vielen Mitarbeiterinnen und Mitarbeiter fließt? Mit Stereotypen oder simpel gestrickten Fernsehfilmchen, wie sie immer wieder zu hören und zu sehen sind, kommen wir da nicht weiter. Wir können uns als Kirche aber gut einer konstruktiven Diskussion in der Gesellschaft stellen.

Wäre es nicht zudem sinnvoll, innerkirchlich zu überlegen, ob die Schwerpunkte in den Haushalten der Bistümer gut gesetzt sind und einem intensiven Engagement für Menschen in den vielfältigen Formen von Armut gerecht werden? Damit möchte ich nicht einfach sagen, dass sie es nicht tun, denn das ist nicht so einfach zu entscheiden. Wo auf welche Not in welcher Weise reagiert wird und ob es Änderungen im Hinblick auf die Zukunft geben sollte, bedarf einer genauen Analyse und Diskussion.

Wichtig scheint mir dabei: Wir sollten teilen, auch wenn es für uns Verzicht bedeutet. Vielleicht würden unsere Kirchen nicht ganz so adrett aussehen und manche Gebäude wären möglicherweise in einem schlechteren Zustand. Vielleicht würden Bischöfe und Priester weniger verdienen. Teilen kostet etwas. Je mehr aber unser Tun vom Gedanken des Teilens bestimmt ist, desto mehr entspricht es dem Evangelium. Und darum geht es ja: dass die Kirche auch mit ihrem Lebensstil und ihren Finanzen das Evangelium verkündigt.

So könnten sich kirchliche Entscheidungen in allen Bereichen an den Lebensmöglichkeiten von armen Menschen orientieren. Ein Rezept dafür, was das genau bedeuten kann, habe ich nicht – nicht für die Kirche und nicht für mich persönlich. Für mich persönlich bin ich diesbezüglich seit meiner Jugendzeit auf der Suche. Vielleicht wäre das auch ein Weg für die kirchliche Gemeinschaft: gemeinsam auf der Suche nach einem möglichst einfachen Lebensstil – auch als Zeugnis für die Gesellschaft!

4. „Arm-Mut" angesichts der Zukunftsfragen unserer Gesellschaft

Denn in der Gesellschaft braucht es einen Sinneswandel. Wir können die Zukunft nicht bestehen, wenn wir nicht bereit sind, auch Einschränkungen hinzunehmen. Diesbezüglich kann der evangelische Rat der Armut ein wichtiger Impuls sein.

Hier denke ich zuerst an eine Gruppe von Armen, die die europäische Gesellschaft in den nächsten Jahren weiter intensiv herausfordern wird: die Migranten, die über das Mittelmeer nach Europa kommen. Diese Menschen, die vor Krieg, Hunger und absoluter Perspektivlosigkeit fliehen, sind vielleicht die „Aussätzigen" unserer Zeit. Die europäische Gesellschaft will anscheinend nichts mit ihnen zu tun haben und lässt Tausende von ihnen im Mittelmeer ertrinken, obwohl eine Rettung sehr leicht wäre. Allerdings kostet sie etwas. Und auch die Flüchtlinge selbst verursachen uns Kosten und bringen Unbequemlichkeiten für uns mit sich. Das ist nun einmal so und war bei den Flüchtlingen nach dem Zweiten Weltkrieg nicht anders. Der Journalist Hans-Joachim Neubauer fragte in *Christ und Welt*: „Wollen wir diesen Preis bezahlen? Sollen wir schlechter leben, damit es anderen besser geht? [...] Von der Antwort hängt ab, was unsere Kinder und Enkel in uns sehen werden. Wir könnten ein anderes Glück suchen, als wir es heute tun."[42] Das gilt auch für uns als Kirche. Hier ist es unsere prophetische Aufgabe, mit einem klaren und entschiedenen Beispiel voranzugehen. Es braucht Mut zum Verzicht und deshalb zum Bedürftigsein!

Vergleichbares gilt für die Herausforderungen des Umweltschutzes und insbesondere des Klimawandels. Viele Wirtschaftswissenschaftler und Soziologen und fast alle Ökologen und Klimaforscher sind sich einig: So, wie wir leben, geht es nicht weiter. So hat die Welt keine Zukunft. Zukunft hat die Welt nur durch Veränderungen, die wesentlich Verzicht bedeuten: Verzicht auf eine gewohnte Weise von Konsum, Verzicht auf die rasante Weiterentwicklung des bisherigen Wohlstands usw. Steht es uns als katholischer Kirche nicht an, hier die Avantgarde der Gesellschaft zu sein und aus der Spiritualität des evangelischen Rates der Armut heraus den Mut zum Bedürftigsein, also „Arm-Mut", vorzuleben?

Armut und Verkündigung

Welches Zeichen könnte Menschen heute erreichen, um sie aufzurütteln? Wäre dieses Zeichen vielleicht ein vertieftes Leben aus dem evangelischen Rat der Armut beim Einzelnen und in der Kirche in Deutschland?

Dabei kann es nicht in erster Linie um Äußerlichkeiten gehen, sondern um eine Haltung der Einfachheit und des Teilens, die der Freude am Evangelium entspringt. Wer von Jesus fasziniert ist, für den ist die evangelische Weisung zu einem einfachen Leben keine Last, sondern eine Freude und die Erfahrung von Freiheit. Christus ist unser Glück – und nicht unser Luxus. Seine Gegenwart erfüllt das Leben wirklich – und nicht die vielen Füllsel des Alltags. Der Glaube an sein Wirken in der Welt ist die in allem tragende Hoffnung. Mit ihm haben wir alles und können deshalb großzügig mit dem umgehen, was wir sonst noch haben, und darauf verzichten, was wir haben könnten, damit wir es für Arme oder die Bewahrung der Schöpfung einsetzen können. Dies zu verkündigen mit Worten und mit ihrer ganzen Lebensgestalt ist die Aufgabe der Kirche. So ergeht an uns die Einladung und Herausforderung, nach dem Evangelium Jesu eine arme, weil um ihre Bedürftigkeit wissende Kirche der Armen zu gestalten als Zeichen der Hoffnung für eine menschlichere Zukunft der Welt.

Hörender sein

Der Rat des Gehorsams

„Gehorsam, das ist auch so ein Unwort!", sagte eine Dame in einem Gespräch, in dem wir die evangelischen Räte streiften. Ja, tatsächlich, was ist im Lauf der Geschichte im Namen des Gehorsams nicht für Unrecht verübt worden. Ein Höhepunkt war sicher der Missbrauch des Gehorsams durch die Nazis. Und wie sind im Namen des Gehorsams Frauen unterdrückt, Kinder verängstigt und Mitarbeiter ausgebeutet worden! Gehorsam als oft gewalttätige Ausübung von Macht ist eine Geißel der Menschheit. Aber Gehorsam als freiwillige Unterordnung unter den Willen anderer ist auch ein Gegenkonzept zur verbreiteten Glorifizierung von Macht. Gehorsam – ein Unwort?

Mit dem Gehorsam ist es wie mit allen Werten: Man kann sie positiv oder zum Schaden von Menschen einsetzen. Was ist nicht auch im Namen der Liebe alles angerichtet worden. Und dennoch sind Wirklichkeit und Begriff der Liebe unverzichtbar. So verhält es sich auch mit dem Gehorsam als geistlicher Dimension, der von verschiedenen gesellschaftlichen Formen, wie dem militärischen Gehorsam, deutlich unterschieden werden muss. Der spirituelle Gehorsam ist unverzichtbar und ein großer Wert, denn Leben ist von seiner Anlage her grundlegend ein Gehorsamsakt.

Wir werden nicht gezeugt und kommen nicht zum Leben, weil wir es in einem Akt unserer freien Willensäußerung gewollt haben. Wir kommen zum Leben, weil es Gott und unsere Eltern so wollten. Und jeder Mensch muss im Lauf seines Lebens lernen, Ja dazu zu sagen, dass es ihn gibt – und dass es ihn so gibt, wie er oder sie nun mal gerade ist. Denn auch Wesen, Geschlecht, Charakter und Begabungen haben wir uns nicht in freier Selbstbestimmung ausgesucht, sondern sie sind uns vor- und damit zur Lebensgestaltung auf-gegeben.

Es ist oft keine leichte Aufgabe, die prägenden Charakterzüge und Eigenschaften der eigenen Person zu bejahen. Wer möchte nicht wenigstens in mancher Hinsicht anders sein – und kann sein Wesen doch nicht ändern. Es gehört zu den wesentlichen Aufgaben des Lebens, diese nicht freiwillig gesuchten, sondern vorgegebenen Lebenswirklichkeiten zu bejahen und sie von diesem grundlegenden Ja her zu gestalten. Diese wesentliche Dimension des Lebens ist ein nicht selbstbestimmter Gehorsamsakt, ohne den das Leben scheitert.

Dementsprechend geht es im Leben weiter. So lernen wir sprechen durch Hören. Wer nicht hören kann oder will, kann keine Sprache lernen. Kinder müssen darüber hinaus ihren Eltern in vielem gehorsam sein, weil sie vieles einfach nicht selbst beurteilen können. Ein autonomes, allein selbstbestimmtes Aufwachsen ist nicht möglich. Diese anthropologische Grundgegebenheit prägt das ganze weitere Leben. Niemand kann alles von sich her beurteilen. So ist jeder darauf angewiesen, in vielen Situationen des Lebens einfach das zu tun, was andere sagen oder einem vormachen. Das gilt z. B. für den Umgang mit Krankheiten oder die Anlage von Geld. Die Entscheidung liegt häufig allein darin, dass ich mir die aussuche, auf die ich höre und denen ich ein Urteil in bestimmten Dingen zutraue. Und noch mehr prägt diese Wirklichkeit unsere Beziehungen. Wer stets autonom, allein von sich her etwas entscheiden will, wird nicht viele Freunde haben. Zum Alltag der Gestaltung von Beziehungen gehört das Hören auf die andere Person und häufig auch das einfache Einlassen auf das, was sie wünscht, ohne immer lange zu diskutieren, also Gehorsam.

**Glück gibt es nur in bejahender Abhängigkeit,
ja, sie *ist* dieses Glück,
der „schönste Zustand" des Menschen.
Gehorchen ist menschlich.**[43]

Was für unser menschliches Miteinander wichtig ist, gilt natürlich erst recht dem gegenüber, von dem wir alles Leben haben. Für den, der an Gott als den Schöpfer der Welt glaubt, ist der Gehorsamsakt der Bejahung des eigenen Lebens ein Akt Gott gegenüber. Für den, der glaubt, dass sich Gott in Jesus Christus offenbart hat und dass wir über die Heilige Schrift, wie sie von der Kirche bezeugt wird, Zugang zu dieser Offenbarung Gottes haben, wird das Hören darauf ein wesentliches Moment des Lebens sein.

Der große Theologe Karl Rahner hat es einmal so formuliert: Menschsein ist „im Grunde nichts [...] als die Hörigkeit auf die Botschaft Gottes, die ewiges Licht und ewiges Leben ist hinein in die sich uns in Gnade eröffnenden Tiefen des lebendigen Gottes"[44].

Wie geht das zusammen mit dem Gedanken Immanuel Kants, der sagt: „Aufklärung ist der Ausgang des Menschen aus seiner selbstverschuldeten Unmündigkeit. Unmündigkeit ist das Unvermögen, sich seines Verstandes ohne Leitung eines anderen zu bedienen"? Diese für die menschliche Subjekt- und Freiheitsgeschichte so wichtige Aussage straft den Gehorsam nicht Lügen. Gehorsam entsteht vielmehr aus der Einsicht in die eigene Unmündigkeit, verstanden als Unmöglichkeit, alles „ohne Leitung" anderer entscheiden zu können – freilich als selbstbestimmter Freiheitsakt! Wie dies geschehen kann, wird an Jesus sichtbar, der der war, in dem wir alles zutiefst Menschliche entfaltet finden, und der deshalb auch der Gehorsame schlechthin gewesen ist.

Entsprechend schreibt der heilige Paulus im Brief an die Philipper: Jesus Christus „war Gott gleich, hielt aber nicht daran fest, Gott gleich zu sein, sondern er entäußerte sich und wurde wie ein Sklave und den Menschen gleich [...] und war gehorsam bis zum Tod" (Phil 2,5–11).

Jesus Christus, der Sohn Gottes, entscheidet sich in einem Freiheitsakt, dem Willen des Vaters zu folgen und Mensch zu werden. Von Gehorsam im christlichen Sinn lässt sich daher nur sprechen, wenn es sich um einen Freiheitsakt handelt. Gehorsam als Freiheitsakt ist aber nur möglich, wenn er – auch das wie bei Jesus Christus – von einer tiefen Glaubens- und Liebeserfahrung her geprägt ist, „selbst absolut erwünscht zu sein. Christlich hören und gehorchen kann nur der, der das Wort des Evangeliums als die Wohltat schlechthin sich zu eigen machen durfte. [...] Das Geheimnis der leeren und gefesselten Hände hat seinen Grund im Geheimnis des randvoll gefüllten Herzens."[45]

Gehorsam als evangelischer Rat bedeutet in diesem Sinn:

Leben als Hörer des Wortes
durch das Bemühen, aus dem Wort Gottes zu leben
und diese „Ge-horsamkeit" Gott gegenüber in liebendem Hören auf die Menschen zu erfüllen.

Gehorsam im Neuen Testament

Die in Person und Leben Jesu Christi grundgelegte Haltung des Gehorsams als handlungsleitende Hörbereitschaft Gott und den Menschen gegenüber wird in der Bibel in reicher Weise entfaltet. Hier sollen nur einige Gedanken aus dem Neuen Testament ein wenig dargestellt werden.

1. Gehorsam Gott gegenüber als existenzielle Grundhaltung

Wie aus den vorhergehenden Überlegungen bereits deutlich wird, ist der Gehorsam die Grundhaltung Jesu. Seine ganze Existenz ist davon geprägt. Entsprechend heißt es im Johannesevangelium: „Meine Speise ist es, den Willen dessen zu tun, der mich gesandt hat." (Joh 4,34) Jesus lebt im wahrsten Sinn des Wortes aus und von der Ausgerichtetheit auf den Vater. Er „lebt, lehrt und handelt nicht aus sich. [...] Sein Gehorsam hat die Gestalt der Liebe. Liebend ,gehört' er ganz dem Vater."[46] Gehorsam Gott gegenüber und auch geistlicher Gehorsam Menschen gegenüber lässt sich in der Tiefe nur als Liebesgeschehen verstehen und verwirklichen. Aus der Erfahrung des Von-Gott-geliebt-Seins und dem Wunsch, auf diese Liebe zu antworten und mit ganzer Existenz wiederzulieben, erwächst das Bedürfnis nach einer „gehorchenden" Lebenshaltung. Diese Liebes-Beziehung ist gleichzeitig die Möglichkeitsbedingung eines echten personalen Gehorsams, der sich in den verschiedenen Lebens- und Alltagsfragen konkretisiert. Irgendwo habe ich folgende ausdrucksvolle Beschreibung dieser Wirklichkeit gefunden:

> „Wenn ich eine Ahnung davon gewonnen habe,
> dass sich zwischen Gott und mir eine lebendige Liebesgeschichte abspielt,
> dass er für mich ,Leben in Fülle' bereithält,
> dass er mir nicht weniger als alles gönnt,
> dann kann ich versuchen, mich wirklich ihm zu überlassen.
> Er soll in mir Raum gewinnen.
> Er kann mich dazu befreien, ihm völlig zu trauen.
> Ich habe allen Grund anzunehmen,
> dass seine Wirklichkeiten mit mir und mit der Welt
> die Grenzen meiner Vorstellungskraft sprengen werden."[47]

Deshalb gilt:

2. Gehorsam gegenüber Gott führt zu größerem Leben

Paulus entwickelt im Brief an die Römer den Gedanken, dass es faktisch im Leben ohne irgendeinen Gehorsam nicht geht. Entweder folgt jemand irgendwelchen Autoritäten oder Trends oder eigenen Marotten. Man kann auf diese Weise „Sklaven der Sünde" sein, wie Paulus formuliert (Röm 6,16).

Dem stellt er den Gehorsam der Lehre Jesu Christi gegenüber (Röm 6,17), der dem Menschen guttut: „Jetzt, da ihr aus der Macht der Sünde befreit und zu Sklaven Gottes geworden seid, habt ihr eine Frucht, die zu eurer Heiligung führt und ewiges Leben bringt. Denn der Lohn der Sünde ist Tod, die Gabe Gottes aber ist ewiges Leben in Christus Jesus, unserem Herrn." (Röm 6,22f.)

Gehorsam Gott gegenüber führt zu einem Leben, das reicher und tiefer ist als das Leben nach menschlichen Autoritäten, Trends oder dem eigenen Willen. Denn Gott weiß ja am besten, was mir guttut und was für mein Leben das Beste ist. „Und wenn einmal Not und Entbehrung angebrachter wären als behaglich gesichertes Auskommen oder Misserfolg und Verdemütigung besser als Ehre und Ansehen, dann muss man sich auch dafür bereithalten. Tut man das, so kann man unbelastet durch die Zukunft der Gegenwart leben."[48]

<blockquote>
Wenige Menschen ahnen,
was Gott aus ihnen machen würde,
wenn sie sich ihm ganz überließen.
Ignatius von Loyola zugeschrieben
</blockquote>

3. Gehorsam sein ist Leben unter der Führung und im Rhythmus Gottes

„Gleicht euch nicht dieser Welt an, sondern lasst euch verwandeln durch die Erneuerung des Denkens, damit ihr prüfen und erkennen könnt, was der Wille Gottes ist: das Gute, Wohlgefällige und Vollkommene." (Röm 12,2)

Mit diesen Worten an die Römer öffnet Paulus den beschränkten Horizont menschlichen Denkens auf die größere Dimension Gottes hin. Wie sehr bedarf menschliches Leben der Orientierung am Guten. Natürlich lässt sich das Gute mit der Vernunft ergründen. Doch wer kann stets für jede Lebensfrage alle Argumente entsprechend sorgfältig erkennen und abwägen und die möglicherweise erkannte Herausforderung dann umsetzen? Wer sein Denken durch Gott erneuern lässt und versucht, nach seinem Willen zu leben, der kann sich zusätzlich zu seinen vernünftigen Überlegungen am Wort Gottes orientieren, einer Intuition trauen, die an der lebendigen und ganzheitlichen Wirklichkeit des Wortes Gottes geschult ist, und sich auf die Kraft des Heiligen Geistes verlassen.

Die französische Sozialarbeiterin und Schriftstellerin Madeleine Delbrêl vergleicht in ihrem Gedicht „Der Ball des Gehorsams" diese Wirklichkeit mit einem Tanz:

„Wären wir mit dir zufrieden, Herr,
Wir könnten dieser Tanzlust nicht widerstehen,
Die sich durch die Welt hin ergießt.
Und wir könnten sogar erraten,
Welchen Tanz du von uns aufgeführt haben möchtest,
Einstimmend in den Rhythmus deiner Vorsehung.
[...]
Will einer ein guter Tänzer sein, mit dir oder sonst wie,
darf er nicht wissen,
Wohin es führt.

Nur folgen muss man,
Aufgelegt sein
Und schwerelos,
Und vor allem sich nicht versteifen.
[...]
Gib, dass wir unser Dasein leben [...]
Wie einen Ball, einen Tanz
In den Armen deiner Gnade,
Während Musik der Liebe uns allseits umfasst."[49]

4. Leidend den Gehorsam erlernen

Dabei ist Gehorsam als eigentlich selbstverständlicher Grundakt des Lebens im Vollzug nichts einfach Selbstverständliches. Alle Grundvollzüge menschlichen Lebens wie etwa auch Glaube, Vertrauen, Hoffen, Lieben sind in der Gestaltung nicht einfach und selbstverständlich. Sie bedürfen vielmehr eines Hineinwachsens und einer Reifung, die ein Leben lang andauert. Dies zeigt gleichzeitig die Bedeutung und den Wert dieser Vollzüge.

Auch Gehorsam muss man also lernen. Das gilt schon für Jesus. Ausdrücklich heißt es im Hebräerbrief (5,8): „Obwohl er der Sohn war, hat er durch Leiden den Gehorsam gelernt." Er, der Sohn Gottes, der ganz mit dem Vater und dem Geist eins war, musste in seinem menschlichen Leben selbst lernend vollziehen, was gelebter Gehorsam bedeutet.

Wie viel mehr müssen wir danach suchen, wie Gehorsam aussieht und wie er gelingen kann. Wer meint, ein für alle Mal zu wissen, was Gehorsam ist, kann gar nicht gehorsam sein, weil er den Akt des handlungsleitenden Hörens zu einer Mechanik verkommen lässt und ihn nicht als existenziellen Vollzug gestaltet.

„Er hat durch Leiden den Gehorsam gelernt." Man kann Gehorsam nicht lernen ohne die Erfahrung von Leid. Auch hier verhält es sich nicht anders als mit anderen wesentlichen Lebensvollzügen. Durch Enttäuschungen und Leiderfahrungen hindurch reifen wir zu besserem Verständnis und zu tieferen Gestaltungsmöglichkeiten der existenziellen Lebensvollzüge. Nur wer bereit ist, auch Schweres an- und auf sich zu nehmen, kann im Leben reifen. Das gilt für die, die versuchen, aus dem Rat des Gehorsams zu leben, aber auch für die, denen als Autorität andere zum Gehorsam verpflichtet sind. Lebbar wird die Annahme des Schweren im Glauben daran, dass Gott mir gerade auch im Leid und im Unverständlichen begegnet – so wie es Jesus selbst am Ölberg und am Kreuz erfahren hat.

5. Nur einer ist euer Meister

Dabei ist im Hinblick auf den Gehorsam als evangelischen Rat klar, dass es nur einen gibt, dem der Gehorsam gilt: Gott. Im Hinblick auf die Lebenswirklichkeit der Christen heißt es deshalb im Matthäusevangelium (23,8): „Nur einer ist euer Meister, ihr alle aber seid Brüder."

Jesus Christus, der Sohn Gottes, ist die einzig absolute Autorität der Kirche. Daher müssen christliche Autoritäten immer im Blick haben, was Franz Kamphaus schreibt: „Gerade für die Amtsträger ist es offenkundig von Anfang an eine Gefahr gewesen, zu vergessen, wer Herr im Haus der Kirche ist, zu denken, sie könnten den Herrn ersetzen, den sie zu bezeugen haben."[50]

Jesus zeigt in seinem eigenen Leben, wie er Autorität versteht, und bringt dies auch ins Wort. Im unmittelbaren Zusammenhang der gerade genannten Stelle des Matthäusevangeliums sagt Jesus: „Der Größte von euch soll euer Diener sein." (Mt 23,11) Das Konzept Jesu von Autorität ist: Diener sein. Dies verdeutlicht er eindrücklich mit der Fußwaschung beim Letzten Abendmahl. Er verrichtet diese für die damalige Zeit denkbar niedrigste Tätigkeit und erklärt sie den auf diese Erniedrigung mit Unverständnis reagierenden Jüngern: „Begreift ihr, was ich euch getan habe? Ihr sagt zu mir Lehrer und Herr und ihr nennt mich mit Recht so; denn ich bin es. Wenn nun ich, der Herr und Lehrer, euch die Füße gewaschen habe, dann müsst auch ihr einander die Füße waschen. Ein Beispiel habe ich euch gegeben, damit, wie ich euch getan habe, auch ihr tut." (Joh 13,13–15) Diener sein, anderen dienen, sich selbst erniedrigen und nicht auftrumpfen, das ist Jesu Konzept von Autorität in der Kirche.

„Es geht ihm darum, *für die anderen* bis zur Hingabe seiner selbst zu leben."[51] Denn so erläutert Jesus sein Verständnis des Dienstes, das er selbst vorgelebt hat und in das er die ruft, die ihm folgen. Dabei verwendet er sogar nicht nur den Begriff des Dieners, sondern den des Sklaven, der mit seiner ganzen Existenz im Dienst steht, ja Dienst „ist": „Wer bei euch der Erste sein will, soll der Sklave aller sein. Denn auch der Menschensohn ist nicht gekommen, um sich dienen zu lassen, sondern um zu dienen und sein Leben hinzugeben als Lösegeld für viele." (Mk 10,44f.; Mt 20,27f.; vgl. Lk 22,26f.)

Die Lebenshingabe in der Nachfolge Jesu ist die Grundlage für den evangelischen Rat des Gehorsams und Motiv für den Gehorchenden, wie wir oben gesehen haben. Die Hingabe des eigenen Lebens mit Blick auf den sich verschenkenden Gekreuzigten ist gleichzeitig die Basis für die Ausübung von Autorität in der Kirche. Autorität und Gehorsam in der Kirche stehen im Zeichen des Kreuzes und können nur von daher verstanden und gelebt werden.

Gehorsam in der Kirche praktisch

Zum konkreten Leben des Gehorsams gibt es einen Schlüsseltext im „Dekret über Dienst und Leben der Priester" des Zweiten Vatikanischen Konzils. Er erschließt die Lebensdimension des Gehorsams als evangelischen Rates in dichter Weise und gilt in seinen Grundsätzen nicht nur für Priester, sondern für alle, die dem evangelischen Rat des Gehorsams folgen wollen.

„Zu den Tugenden, die für den Dienst der Priester besonders erfordert sind, muss man als ständige Seelenhaltung die innere Bereitschaft zählen, nicht den eigenen Willen zu suchen, sondern den Willen dessen, der sie gesandt hat.

[...] diesen Willen kann er in den konkreten Umständen des täglichen Lebens entdecken und erfüllen, indem er allen Menschen demütig dient, die ihm in seinem Amt und in den vielfältigen Ereignissen seines Lebens von Gott anvertraut sind.

Weil jedoch der priesterliche Dienst ein Dienst der Kirche ist, kann er nur in der hierarchischen Gemeinschaft des ganzen Leibes erfüllt werden. Die Hirtenliebe drängt also den Priester dazu, in dieser Gemeinschaft zu handeln und darum den eigenen Willen durch den Gehorsam in den Dienst für Gott und die Brüder zu stellen, indem sie im Geist des Glaubens annehmen und ausführen, was vom Papst und vom eigenen Bischof sowie von anderen Vorgesetzten vorgeschrieben oder empfohlen wird."[52]

Zunächst wird ausgeführt, dass der Gehorsam ein wesentliches Moment des priesterlichen Dienstes ist. Ein Priester steht ja in der besonderen Sendung Jesu und hat deshalb dessen Willen zu erfüllen. Dabei ist es natürlich eine Aufgabe für alle Getauften, Gottes Willen zu tun. Sie stehen im Dienst des Herrn, auch wenn sie kein Gehorsamsversprechen abgelegt haben. Was dann im Konzilstext zur Erkenntnis des Willens Gottes und zur konkreten Ausübung des Gehorsams gesagt wird, lässt sich deshalb auf das Leben jedes Christen übertragen.

Wie kann man also den Willen Gottes erkennen, den es zu tun gilt? Das Konzil nennt an erster Stelle nicht Äußerungen des kirchlichen Lehramts, sondern erklärt, dass der erste Ort für das Erkennen und Erfüllen des Willens Gottes die „konkreten Umstände des täglichen Lebens" sind.

Der Wille Gottes zeigt sich in erster Linie nicht in abstrakten Theorien und schon gar nicht in den Luftschlössern eigener Wunschträume – obwohl es auch auf die eigenen (geerdeten) Wünsche als Indikatoren für Gottes Willen zu achten gilt. Denn der Wille Gottes ist zuallererst konkret und alltäglich. Der Wille Gottes begegnet einem vor allem in den Menschen, für die man da ist. Für sie offen zu sein, ihnen zu „dienen", darin vollzieht sich der Wille Gottes im Alltag. Die Zuwendung zu der Person, die gerade vor mir steht und meine Aufmerksamkeit braucht, und die Situation, die es in diesem Augenblick zu gestalten gilt, ist der Wille Gottes für diesen Moment.[53]

Unter dem Titel *Wir Leute von der Straße* hat Madeleine Delbrêl, die als Sozialarbeiterin in einer kleinen Hausgemeinschaft mit anderen Frauen lebte, in einem großartigen Text beschrieben, wie sich in ihrem Leben Gehorsam vollzieht:

„Die geringen Umstände sind die getreuen ‚Obern'. Sie verlassen uns keinen Augenblick, und die ‚Ja', die wir ihnen schulden, lösen sich immerfort ab.

Wenn man sich ihnen bedingungslos ausliefert, findet man sich wunderbar von sich selbst befreit. Man treibt in der Vorsehung wie ein Korkzapfen auf dem Wasser. [...] Kaum sind wir erwacht, so erfassen sie uns. Das Telefon klingelt. Der Schlüssel sperrt im Schloss. Der Autobus kommt nicht oder er ist voll oder wartet nicht auf uns. Unser Nachbar auf dem Sitz beansprucht den ganzen Platz [...] Dass uns zu kalt ist oder zu heiß, dass der Kopf uns wehtut oder die Zähne. Dass wir grad diese Leute antreffen, grad diese von den Partnern gewählten Gespräche führen müssen. Dass der grobschlächtige Herr uns auf dem Gehsteig anrempelt; dass die Leute gern Zeit verlieren und uns dafür schnappen. [...]

Und falls man zu mehreren wohnt, vergisst man, dass man Geschmack hat, und lässt die Dinge an dem Platz, den die anderen ihnen angewiesen haben. [...] Haben wir uns derart gewöhnt, unsern Willen all diesen Winzigkeiten auszuliefern, dann kommt es uns nicht mehr schwer vor, wenn der Anlass es will, den Willen unseres Dienstvorgesetzten zu tun oder den unseres Gatten oder der Eltern."[54]

Die Lebensbetrachtung als Hör-Geschehen

Eine wichtige Hilfe für ein solches Leben in „Hörsamkeit" ist die Lebensbetrachtung, oft auch „Gebet der liebenden Aufmerksamkeit" genannt. Es besteht in der einfachen Wahrnehmung des Alltags vor und mit Gott. Dafür gibt es eine Gebetsweise, die *die* Grundübung geistlichen Lebens ist: die Lebensbetrachtung.

Die Methode als solche ist sehr alt. Schon die Griechen der Antike kannten eine ähnliche Übung. Auch in der Kirche hat die Lebensbetrachtung eine lange Tradition. So ist sie z. B. auch ins Stundengebet der Kirche eingegangen. Zu Beginn der Komplet, des kirchlichen Nachtgebets, wird eine Stille gehalten, in der der Beter auf den Tag zurückschaut und ihn Gott anempfiehlt.

Das Zurückschauen ist das Erste. Zunächst schaue ich einfach an, was am vergangenen Tag oder in der vergangenen Zeit, die ich betrachten will, geschehen ist. Was war? Dann frage ich mit Blick auf Gott:

- „Was möchtest du mir mit und zu dem, was ich erlebt habe, sagen?"
- „In welcher Begegnung und welchem Ereignis liegt ein Hinweis von dir?"

Es lohnt sich, sich wenigstens einmal am Tag dafür ein paar Minuten Zeit zu nehmen, um im Hören auf den Willen Gottes im eigenen Leben zu wachsen.

Eine andere Möglichkeit ist es, einmal in der Woche eine ausführlichere Gebetszeit mit einer Betrachtung der vergangenen Tage zu halten.

Hier ein Beispiel für den möglichen Verlauf einer solchen Lebensbetrachtung als persönliches Gebet:

Die Lebensbetrachtung

1. Sich vor Gott sammeln
Ich erinnere mich, dass Gott mich liebevoll anschaut, und bitte ihn: „Lass mich in deinem Licht die Wirklichkeit meines Lebens erkennen." Mit Gott schaue ich auf mein Leben. Er hilft mir, es von ihm her zu verstehen.

2. Aufmerksames Betrachten

Aus dem Abstand heraus lasse ich die Ereignisse und Stimmungen der vergangenen Zeit ans Licht kommen. Es geht zunächst nicht darum zu urteilen, was sein darf und was nicht.

1. Was ist geschehen (Ereignisse, Begegnungen ...)?

„Lebensfilm": Langsam gehe ich die vergangene Zeit durch: Stunde für Stunde oder – beim Wochenrückblick – Halbtag für Halbtag.

Was hat mich besonders angesprochen?

Welche Gefühle bewegen mich (Freude, Dankbarkeit, Angst, Trauer ...)?

2. Einzelereignis

Welches Erlebnis hat mich tief berührt? Das schaue ich genauer an (in „Zeitlupe").

3. Bedeutung

Wo ahne ich das Wirken Gottes?

„Was möchtest du, Gott, mir durch Ereignisse der vergangenen Zeit sagen?"

Wo habe ich mich eher in Richtung Liebe, Wahrhaftigkeit und Offenheit bewegt?

Wo habe ich mehr zum Festhalten an mir und meinen Vorstellungen, zu Misstrauen oder Resignation geneigt?

Ich danke Gott für sein Wirken, für die guten Erfahrungen, für die Geschenke der vergangenen Zeit, für das, was mir gelungen ist.

Wenn ich sehe, wo es schwer war oder wo ich versagt oder gesündigt habe, stelle ich es vor den Herrn und bitte ihn, dass er aus Unheil, Sorgen und Ängsten Heil und Leben schafft.

Ich bespreche mit Gott, wie ich mit dem empfangenen Licht und dem Blick seiner Liebe die kommenden Tage gestalten kann („Vorsatz").

Kirchlicher Gehorsam[55]

In diesem ganzheitlichen „Üben"(!) einer Haltung des Gehorsams liegt die Voraussetzung, auch Gehorsam in dem leben zu können, was das Konzil zum Abschluss seiner Ausführungen anspricht, den Gehorsam der Kirche und konkret dem Papst und den Bischöfen als Nachfolgern der Apostel gegenüber, denen die Autorität des apostolischen „Dienstamtes" übertragen ist. Dabei begründet das Konzil diesen Gehorsam hier nicht von der Autorität des Dienstamtes her, sondern von der Fruchtbarkeit gemeinschaftlichen Handelns als Verwirklichung des Leibes Christi, der die Kirche ist (vgl. Röm 12,4–8; 1 Kor 12,12–30; Eph 4,1–16).

Priester und Diakone legen bei ihrer Weihe ein Gehorsamsversprechen ab, das seinen theologischen Grund in der besonderen Zuordnung ihrer Sendung zum Bischof und seinem Dienst hat. Priester und Diakone sind unmittelbare Mitarbeiter des Bischofs und wirken nicht in einem eigenen, sondern in seinem Auftrag, der letztlich der Auftrag des Herrn ist. „Priestersein hat es nicht nur deshalb mit dem Gehorsam zu tun, weil das kirchliche Amt sich an den Grundhaltungen Jesu orientieren soll, sondern vor allem deshalb, weil der Amtsträger etwas weiterzugeben hat, das er nicht aus sich selbst heraus besitzt, sondern selbst hörend zum Weitergeben empfangen hat (vgl. 1 Kor 15,3). [...] Darum gründet priesterlicher Dienst entweder im persönlichen Hören auf das Wort Gottes, oder er entartet zum ‚Popentum', das nur Funktionen durchführt."[56]

Das Konzil setzt diese Überlegungen voraus und fokussiert den kirchlichen Gehorsam als Handeln in Gemeinschaft, das den Leib Christi „aufbaut", im Gegensatz zu „eigen-willigem" Agieren, das oft destruktiv wirkt.

Natürlich muss man hier Fragen stellen. Von den vielen möglichen möchte ich vier herausgreifen:

1. Welche Bedeutung hat der eigene Wille?
2. Was ist, wenn ein Vorgesetzter unfähig ist oder seine Autorität ausnutzt und nicht aus dem Geist des Dienens wirkt?
3. Was ist, wenn mich die Entscheidung eines Vorgesetzten überfordert?
4. Was ist, wenn Papst und Bischöfe etwas lehren, das ich nicht annehmen kann?

1. Welche Bedeutung hat der eigene Wille?

Wenn jemand auf Gott ausgerichtet, mit ihm verbunden, aus seinem Wort und in Gemeinschaft mit der Kirche lebt, kann er grundsätzlich davon ausgehen, dass das, was er in Klarheit als richtig und zu tun erkennt, mit Gottes Willen übereinstimmt. Sein Leben wird ja im Laufe der Jahre eine gewisse Christusförmigkeit angenommen haben, sodass sein Urteil in der Regel davon geprägt ist. Außerdem unterstützt Gott die mit seinem Heiligen Geist, die ihn darum bitten (Lk 11,13). Daher ist das Tun dessen, was einer selbst in seinem Nachdenken und Beten erkennt, der alltägliche Vollzug des Gehorsams als Leben nach dem Willen Gottes.

2. Was ist, wenn ein Vorgesetzter unfähig ist oder seine Autorität ausnutzt und nicht aus dem Geist des Dienens wirkt?

Leider – und gleichzeitig aus menschlicher Sicht natürlich – handelt es sich dabei um Situationen, die in der Kirche von Beginn an immer wieder vorkommen. Mir persönlich hat bei diesbezüglichen Herausforderungen ein Brief des heiligen Ignatius von Loyola geholfen, den er als Ordensgeneral im Jahr 1553 an Mitbrüder in Portugal schrieb. Dort hatte es große Auseinandersetzungen um zwei Provinzobere gegeben, von denen der erste zu lasch und der Nachfolger zu kleinlich war. Die Streitigkeiten gipfelten im Austritt einer großen Zahl von Jesuiten aus dem noch sehr jungen Orden. In dieser Situation schreibt der heilige Ignatius:

„[...] wir sollen niemals auf die Person schauen, der wir gehorchen, sondern in ihr auf Christus unsern Herrn, dem zuliebe der Gehorsam zu leisten ist. Denn nicht etwa weil der Obere sehr klug oder sehr tugendhaft oder in irgendwelchen anderen Gaben Gottes unseres Herrn besonders ausgezeichnet ist, sondern weil er Gottes Stelle vertritt und von Ihm Vollmacht hat: deshalb muss man ihm gehorchen. [...] Und umgekehrt darf man nicht, weil er als Mensch weniger klug ist, im Gehorsam ihm gegenüber nachlassen, insoweit er Oberer ist – denn er vertritt denjenigen, der die unfehlbare Weisheit ist, und sie wird ergänzen, was seinem Diener mangelt –, noch weil ihm Tugend und andere gute Eigenschaften fehlten; denn Christus unser Herr fügt seinen Worten ‚Auf Moses‘ Lehrstuhl sitzen Schriftgelehrte und Pharisäer‘ noch ausdrücklich bei: ‚Alles, was sie euch sagen, tut; nur nach ihren Werken sollt ihr nicht tun!‘ usw. (Mt 23,2).“[57]

Das sind klare Worte, aber mit einem durchaus realitätsbezogenen deutlichen ironischen Unterton, wenn Ignatius – als Generaloberer(!) – die Oberen mit den „Schriftgelehrten und Pharisäern“ vergleicht, nach deren Werken man sich nicht richten soll.

Dabei geht Ignatius davon aus, dass die Anordnungen des Oberen weder gegen den Glauben noch die Moral verstoßen. In solchen Fällen ist klar, dass man sich an den nächsthöheren Vorgesetzten wenden muss. Gegen Ende seines Briefes schreibt Ignatius übrigens noch:

> „Bei alledem ist Ihnen keineswegs verwehrt, wenn Sie eine Sache anders auffassen als der Obere und wenn Ihnen im Gebet vor Gottes Angesicht eine Gegenvorstellung am Platze erscheint, das zu tun"[58] – meint, es dem Oberen gegenüber anzusprechen.

3. Was ist, wenn mich die Entscheidung eines Vorgesetzten überfordert?

Klare Antwort: Nein sagen. Überforderung entspricht sicher nicht dem Willen Gottes und sie nützt letztlich auch nicht der Gemeinschaft. Natürlich ist es dem Vorgesetzten und der kirchlichen Gemeinschaft gegenüber „fair", wenn man gut überlegt und prüft, ob man das, was an einen herangetragen wird, wirklich nicht tun kann. Gelangt man aber nach reiflicher Überlegung zu dieser Überzeugung, dann bleibt nur ein klares Nein.

4. Was ist, wenn die Kirche etwas lehrt, das ich nicht annehmen kann?

Natürlich gibt es in einer Gemeinschaft wie der Kirche manche Fragen, die man so oder so beantworten kann. Außerdem gibt es die Glaubenslehre der Kirche, die sich aus dem Evangelium Jesu Christi speist und für die der Papst und die Bischöfe als Nachfolger der Apostel eine Autorität haben, für die ihnen der Heilige Geist verheißen ist. In der großen Mehrzahl der Glaubensaussagen gibt es hier wohl in der katholischen Kirche eine weitgehende Übereinstimmung. In manchen Punkten gibt es bei Einzelnen oder auch in bestimmten Fragen bei vielen eigene persönliche Überzeugungen, die nicht mit der Lehre der Kirche übereinstimmen.

Dabei ist zunächst zu schauen, ob es sich in diesen Fragen überhaupt um eine feste Lehre der Kirche handelt oder nur um Meinungsäußerungen wichtiger Personen. Eine klassische Unterscheidungsregel lautet: „Wer hat was wie gesagt?"

Wer: Handelt es sich bei der infrage stehenden Aussage um eine Äußerung der Heiligen Schrift, eines Konzils, des Papstes oder der Gemeinschaft der Bischöfe oder handelt es sich eher um eine theologische Einzelmeinung?

Was: Geht es um etwas, das zum Inhalt des Glaubens gehört, oder um periphere Fragen, die „nur" die kirchliche Praxis oder kirchliches Recht betreffen?

Wie: Ist der Sachverhalt in der Heiligen Schrift deutlich formuliert, in einer feierlichen Konzilserklärung oder einem hochrangigen päpstlichen Lehrschreiben festgehalten oder in einer einfachen Erklärung von Konzil, Papst oder anderen?

Die dieser Differenzierung zugrunde liegenden theologischen Sachverhalte können hier nicht im Einzelnen dargestellt werden. Es geht an dieser Stelle allein darum, deutlich zu machen, dass die Kirche eine Differenzierung der Bedeutung ihrer Glaubensaussagen kennt und wie diese in etwa gedacht wird. Dies kann eine Hilfe dafür sein, wahrzunehmen, ob es überhaupt einen Dissens zwischen der kirchlichen Glaubenslehre und der eigenen Meinung gibt. Gleichzeitig wird deutlich, dass es wichtig ist, sich selbst mit den Glaubensaussagen der Kirche eingehend zu beschäftigen. Im persönlichen Durchdringen dessen, was die Kirche lehrt, wächst oft das Verständnis für einen Sachverhalt, der von außen gesehen „sonderbar" anmutet. Wenn es bei dem inneren Dissens bleibt und es sich dabei um eine wichtige Frage handelt, ist dies für die Einzelnen keine leichte Situation. Entscheidend ist aber in wichtigen Fragen das eigene Gewissen. Hilfreich ist dann das Gespräch mit einer geistlich erfahrenen und theologisch gebildeten Person. Wenn es nicht um definitiv entschiedene Fragen des Glaubens geht, kann es auch sinnvoll, in manchen

Fragen sogar notwendig sein, sich in der Kirche für die eigene durchdachte und vor Gott verantwortete Position einzusetzen.

Ehe und Familie

Wir haben bisher über den evangelischen Rat des Gehorsams in Zusammenhang mit kirchlichen Lebensvollzügen gesprochen. Dabei lässt sich fast alles auch auf andere Lebenszusammenhänge übertragen, in denen gegenseitiges Aufeinander-Hören wichtig ist. Vor allem scheint mir vieles von dem Bedachten für Ehe und Familie bedeutsam zu sein. Natürlich versprechen Eheleute sich nicht gegenseitig Gehorsam, und auch die Beziehung von Eltern und Kindern lässt sich nicht einfach als ein Gehorsamsverhältnis beschreiben. Aber die Familie lebt doch wesentlich von einem gegenseitigen Verstehen, was ein Hören voraussetzt. Im Hinblick auf die Ehepartner möchte ich dies kurz bedenken.

Eine Ehe kann nur gut gelingen, wenn das Hören aufeinander die Beziehung als existenzielle Grundhaltung prägt. Die Liebe als Bejahung des Partners und die Erfahrung dieser Bejahung durch den Partner führen zu einer Grundhaltung, die zunächst nicht von sich selbst ausgeht, sondern vom anderen. Im Stadium des Verliebtseins ist dies völlig klar. Was tut ein Freund nicht alles, um seiner Freundin ihre Wünsche von den Lippen abzulesen! Im Laufe der Zeit muss diese spontane Haltung zu einer inneren Haltung werden, die immer wieder neu innerlich „erarbeitet" werden muss, denn das eigene Ich schiebt sich schnell immer wieder in den Vordergrund. Zu einer solchen auf den anderen hörenden Grundhaltung gehören auch Handlungen, die man im eigentlichen Sinn als Gehorsam bezeichnen kann, nämlich das einfache Einlassen auf das, was der Partner wünscht, ohne immer lange zu diskutieren. Nur wenn es Freude macht, nicht ausschließlich, aber wesentlich im Rhythmus des anderen zu leben, kann eine Ehe erfüllend sein.

Das geht nicht ohne Suchbewegungen und Schwierigkeiten und einen dauernden Lernprozess. „Hörsamkeit" als Haltung erfordert lebenslanges Lernen – auch in der Ehe. Immer wieder gibt es neue Situationen, und nie hat einer den Partner so ganz verstanden. Durch Enttäuschungen und Leiderfahrungen hindurch kann das eheliche Miteinander zu immer tieferem Verstehen und zu einem immer „selbstverständlicheren" Umgang wachsen.

Wenn Jesus hier im Blick ist und die Hingabe an den Partner gleichzeitig Ausdruck der Lebenshingabe an Jesus Christus ist, wie es dem Verständnis der Ehe als Sakrament entspricht, dann liegt hierin eine Kraftquelle, die zu immer tieferem und lebendigerem Hören führen kann. Dies gilt erst recht, wenn zu bestimmten Zeiten das Aufeinander-Hören schwer geworden ist. Von manchen Eheleuten weiß ich, dass es ihnen dann geholfen hat, im Sinn des Ehesakraments im anderen Jesus Christus zu sehen und so von der gerade schwierigen Oberfläche des Alltags tiefer zu schauen.

Gerade in schwierigen Gesprächen kann es ganz praktisch eine Hilfe sein, genau darauf zu hören, *was* der Partner *wie* gesagt hat – ähnlich wie beim kirchlichen Gehorsam. In diesem Zusammenhang können auch etwas ausführlichere Gesprächsregeln eine Hilfe sein – für Eheleute, aber auch für Vorgesetzte und ihnen Untergebene in der Kirche und darüber hinaus. Die folgende Zusammenstellung gibt hilfreiche Hinweise:

Spielregeln für das Gespräch[59]:
1. Den anderen annehmen, wie er ist
2. Aufeinander hören
3. Hinter den Worten die Gefühle zu erspüren suchen
4. Den anderen zu verstehen suchen
5. Seine Meinung sagen, auch wenn sie noch unausgereift ist

6. Probleme ernst nehmen – nicht abweisen
7. Es wagen, anderen Fragen zu stellen
8. Gemeinsamkeiten aufspüren
9. Auch ungewohnte Gedanken äußern
10. Sich nicht in die Schuldfrage verlieren, sondern nach Lösungen suchen

Zum Nach-Denken

Fragen zur persönlichen Reflexion:

- Wie habe ich Gehorsam gelernt? Bei den Eltern, bei anderen Menschen, bei Gott?
- Wo habe ich Gehorsam positiv erlebt?
- Welche negativen Erfahrungen habe ich mit Gehorsam gemacht?
- Habe ich die Erfahrung gemacht, dass ich etwas gegen meinen Willen tun musste und dadurch etwas Gutes geschehen ist?
- Kann ich mit ganzem Herzen hören?
- Wie verfügbar bin ich?

Gehorsam – Gott und Menschen gegenüber – hat [...] zutiefst mit Vertrauen zu tun: Nur im Vertrauen kann ich mich auf das einlassen, was mir zugesagt und zugemutet wird. Nur im Vertrauen, dass andere mich oft besser kennen und schätzen als ich selbst, dass andere – und letztlich Gott – Fähigkeiten in mir sehen, die ich mir selbst nicht zugestehe, kann ich mich herauslocken lassen. Leben im Gehorsam fordert dazu heraus, aus der Bequemlichkeit in das Engagement aufzubrechen. Nicht selten stellt sich ein solcher Schritt erst lange im Nachhinein als Schritt zu mehr Leben für sich selbst und andere dar. Dankbar kann der Mensch erkennen, dass es ein guter Rat des Evangeliums war, sich vertrauend auf einen Weg des Gehorsams einzulassen.
Anneliese Herzig[60]

85

Wenn man einmal ohne an sich selbst zu denken lebt,
die Eigenliebe immer unter den Absatz der Schuhe bringt
und allein auf der Suche nach dem Willen des Herrn ist,
dann wird alles leicht und auch erträglich.
Der heilige Papst Johannes XXIII. an seine Nichte Enrica

Der Engel spricht
Gehorche. Was für ein Lohn dir bereitet?
Ich habe dir keine Verheißung zu sagen.
Dir zu Füßen ist Meer gebreitet.
Unberaten und unbegleitet
musst du das Wagnis des Petrus wagen.
Ob dich die Wellen wie Hände tragen,
ob der Herr dir entgegenschreitet –
ich weiß es nicht, und du darfst mich nicht fragen.
Werner Bergengruen

Herr,
mache mich zu einer Schale,
offen zum Nehmen,
offen zum Geben,
offen zum Geschenktwerden,
offen zum Gestohlenwerden.

Herr,
mache mich zu einer Schale für Dich,
aus der Du etwas nimmst,
in die Du etwas hineinlegen kannst.
Wirst Du bei mir etwas finden,
was Du nehmen könntest?
Bin ich wertvoll genug,
sodass Du in mich etwas hineinlegen wirst?

Herr,
mache mich zu einer Schale
für meine Mitmenschen,
offen für die Liebe,
für das Schöne,
das sie verschenken wollen,
offen für ihre Sorgen und Nöte,
offen für ihre traurigen Augen
und ängstlichen Blicke,
die von mir etwas fordern.

Herr,
mache mich zu einer Schale.

Gebet der Töpfer von Taizé

Zur Vertiefung

„Du führst mich hinaus ins Weite"
Gottes Führung in meinem Leben

Lassen Sie sich gerne führen oder eher nicht?

Auf Wanderungen in unbekannten Gegenden ist es jedenfalls praktisch und in den Bergen auch oft notwendig, einen Wander- oder Bergführer zu haben, der sich auskennt. Wenn man sich dann durch unbekanntes Land führen lässt, braucht man Vertrauen in die Person, die einen führt. Gerade in den Bergen scheint es einem ja immer wieder, als ob der Weg, den man geht, geradezu vom Zielgipfel wegführt. Wenn man sich führen lässt, dann muss man auf den, der einen führt, hören und den Hinweisen des Führers auf dem Weg folgen. Wenn man sich so führen lässt, dann geht man das Wagnis ein, sich in Neues und Unbekanntes hineinführen zu lassen. Ja, das macht gerade den Reiz des Geführtwerdens aus.

In den Psalmen steht das schöne Wort: „Gott, du führst mich hinaus ins Weite!" Gibt es das, dass Gott uns führt?

Unsere geistliche Tradition ist voll von Erfahrungen über die Führung Gottes: Es beginnt mit den ersten Seiten der Genesis, in denen Gott sich um die Menschen sorgt und in denen die Menschen sich der Führung Gottes verweigern. Die Abraham-, Jakob- und Joseferzählungen wie die Exodusgeschichte haben die „Führung Gottes" als zentrales Thema. Und so geht es die ganze Bibel hindurch über Samuel, David und die Propheten bis zu Jesus, der vom Heiligen Geist geführt wird, den Aposteln, Paulus und schließlich der Offenbarung des Johannes, die in der ganzen Weltgeschichte eine verborgene Führung Gottes sieht. Weiterhin kann man dieses Thema in Biografien aller großen geistlichen Gestalten der 2000-jährigen Kirchengeschichte entdecken. Gerade das Wie der Führung Gottes können wir an den Lebensgeschichten von Heiligen gut erkennen.

Maria ist ein großes Beispiel dafür. Sie hat erlebt, wie Gott ihr durch die Botschaft des Engels den Weg gewiesen hat. Der Engel sagte ihr, sie solle durch das Wirken des Heiligen Geistes den Sohn Gottes gebären. Obwohl Maria dies nicht verstand, hat sie sich auf diesen Weg eingelassen (Lk 1,34–38). Sie hat ganz auf Gott vertraut und sich von ihm in Neues und Unbekanntes führen lassen.

Doch gilt das auch für uns, zu denen keine Engel sprechen? Wie können wir denn Gottes Führung in unserem Leben erfahren? Eigentlich müssen wir es nur halten wie Maria oder überhaupt wie jemand, der sich führen lässt:

1. Vertrauen auf das Wirken Gottes

Bevor es losgeht, braucht es Vertrauen. Ohne Vertrauen in den Wander- oder Bergführer braucht man sich gar nicht erst auf den Weg in unbekanntes oder schwieriges Gelände zu machen. Traue ich Gott zu, dass er mich führen kann? Oder noch fundamentaler gefragt: Traue ich Gott überhaupt zu, dass er in meinem Leben wirkt?

Der Glaube der Bibel und der Kirche besagt, dass Gott unmittelbar in der Welt wirkt, insbesondere da, wo Menschen es ihm ermöglichen. Die Richtigkeit dieses Glaubens kann aber keine Philosophie oder Theologie der Welt „beweisen", weil Gott nicht auf wissenschaftlich nachprüfbare Weise wirkt – und auch gar nicht so wirken kann, weil er sonst nur eine natürliche Wirklichkeit dieser Welt wäre. Wer aber an Gottes Wirken glaubt, weil Gott es offenbart hat, wird aufmerksam für die Wirklichkeit des Wirkens Gottes und kann sie erfahren.

Wenn Gott nun der ist, durch den alles ist und der unaufhörlich in der Welt wirkt, und wenn der Mensch angesichts seiner beschränkten Erkenntnis auf Führung angewiesen ist, dann erweist sich unser Thema als eines der wichtigsten im Leben. Wie nämlich könnte dann unser Leben besser gelingen als unter der Führung dessen, der die Fülle der Erkenntnis besitzt?

Doch traue ich Gott zu, dass er mein Leben viel besser übersieht als ich? Traue ich ihm zu, dass er mich deshalb den Weg meines Lebens besser führen kann, als ich es allein könnte? Und traue ich Gott zu, dass er mir dabei nichts von meiner Freiheit nimmt?

Gott lädt jede und jeden ein zu vertrauen, dass er Liebe und Leben in Fülle bereithält und dass er mir nicht weniger als alles gönnt. Deshalb kann man versuchen, sich seiner Führung anzuvertrauen. Wir haben allen Grund anzunehmen, dass seine Möglichkeiten mit uns die Grenzen unserer Vorstellungskraft sprengen.

2. Gemeinsame Überlegung im Gebet

Wenn das Vertrauen da ist, geht es bei einer Wanderung häufig mit gemeinsamem Überlegen los: Welche Wünsche hat die Person, die geführt wird? Welche Erfahrung hat sie im Wandern oder Bergsteigen? Was kann sie sich zutrauen und was nicht? In der Spiritualität entspricht dem das Gebet als Gespräch mit Gott. Bei Maria etwa sehen wir, wie sie zu dem Engel spricht, ihn fragt und ihm antwortet. Darum geht es auch auf dem geistlichen Führungsweg. Es ist entscheidend zu versuchen, zu Gott zu sprechen – und zwar am besten einfach und persönlich.

3. Dann spricht Gott

Ausweislich der ganzen christlichen Spiritualitätsgeschichte wendet sich Gott dem zu, der ihn sucht und anspricht. So sagt Jesus z. B.: „Wenn nun schon ihr [...] euren Kindern gebt, was gut ist, wie viel mehr wird der Vater im Himmel den Heiligen Geist denen geben, die ihn bitten." (Lk 11,13)

Es kann etwas dauern, manchmal sogar sehr lange, bis jemand wahrnimmt, dass Gott in sein Leben spricht. Hier gilt ein Wort von Rainer Maria Rilke: *„Leben* Sie jetzt die Fragen. Vielleicht leben Sie dann allmählich, ohne es zu merken, eines fernen Tages in die Antwort hinein."[61] Oft braucht es eine lange Zeit, Fragen und Herausforderungen mit Gott zu leben, bis jemand dafür geöffnet ist, die Stimme Gottes in seinem Leben zu hören.

Dabei ist mit „Stimme" natürlich kein akustisches Phänomen gemeint. Gott „spricht" vielmehr auf sehr unterschiedlichen Wegen. Die fünf wichtigsten Weisen des „Sprechens" Gottes sind die folgenden:

a) durch die Heilige Schrift
Wer regelmäßig die Bibel liest, der entdeckt, dass sie kein Geschichtsbuch, sondern ein Lebensbuch ist. Die Texte der Heiligen Schrift sind aufgeschrieben, damit Gott durch sie in das Leben der Menschen sprechen kann. Sie haben deshalb eine Tiefendimension, die über alle Jahrtausende hinweg das ei-

gene Leben berührt. Wer sich dem aussetzt, der erlebt früher oder später, dass die Worte der Bibel sein Leben betreffen und in dieses Leben hineinsprechen.

Ein Beispiel dafür begegnet gleich am Beginn des Matthäusevangeliums in der Erzählung von der Versuchung Jesu im Kapitel 4. Jesus widerlegt den Teufel jeweils mit einem Schriftwort:

„Dann wurde Jesus vom Geist in die Wüste geführt; dort sollte er vom Teufel in Versuchung geführt werden. Als er vierzig Tage und vierzig Nächte gefastet hatte, hungerte ihn. Da trat der Versucher an ihn heran und sagte: Wenn du Gottes Sohn bist, so befiehl, dass aus diesen Steinen Brot wird. Er aber antwortete: In der Schrift heißt es: Der Mensch lebt nicht vom Brot allein, sondern von jedem Wort, das aus Gottes Mund kommt.

Darauf nahm ihn der Teufel mit sich in die Heilige Stadt, stellte ihn oben auf den Tempel und sagte zu ihm: Wenn du Gottes Sohn bist, so stürz dich hinab; denn es heißt in der Schrift: Seinen Engeln befiehlt er um deinetwillen, und sie werden dich auf ihren Händen tragen, damit dein Fuß nicht an einen Stein stößt. Jesus antwortete ihm: In der Schrift heißt es auch: Du sollst den Herrn, deinen Gott, nicht auf die Probe stellen.

Wieder nahm ihn der Teufel mit sich und führte ihn auf einen sehr hohen Berg; er zeigte ihm alle Reiche der Welt mit ihrer Pracht und sagte zu ihm: Das alles will ich dir geben, wenn du dich vor mir niederwirfst und mich anbetest. Da sagte Jesus zu ihm: Weg mit dir, Satan! Denn in der Schrift steht: Vor dem Herrn, deinem Gott, sollst du dich niederwerfen und ihm allein dienen. Darauf ließ der Teufel von ihm ab." (Lk 4,1–11)

Es ist also wichtig, das eigene Leben in Verbindung mit der Heiligen Schrift zu bringen. Dies übt man am besten, indem man jeden Tag einige Minuten in der Bibel liest und sich dabei fragt:

> Was sagt mir das Wort Gottes für die konkrete Wirklichkeit dieses Tages?

b) durch uns selbst

Ein weiterer Weg, durch den Gott zu uns spricht, ist die Stimme des eigenen Gewissens. Das Zweite Vatikanische Konzil erklärt dies so: „Im Innern seines Gewissens entdeckt der Mensch ein Gesetz, das er sich nicht selbst gibt, sondern dem er gehorchen muss und dessen Stimme ihn immer zur Liebe und zum Tun des Guten und zur Unterlassung des Bösen anruft und, wo nötig, in den Ohren des Herzens tönt: Tu dies, meide jenes. Denn der Mensch hat ein Gesetz, das von Gott seinem Herzen eingeschrieben ist [...]. Das Gewissen ist die verborgenste Mitte und das Heiligtum im Menschen, wo er allein ist mit Gott, dessen Stimme in diesem seinem Innersten zu hören ist."[62]

Allerdings ist diese Stimme Gottes oft gebrochen durch die eigene Ichbezogenheit. „Nicht selten [...] geschieht es, daß das Gewissen aus unüberwindlicher Unkenntnis irrt." Dies geschieht insbesondere, „wenn der Mensch sich zuwenig darum müht, nach dem Wahren und Guten zu suchen, und das Gewissen durch Gewöhnung an die Sünde allmählich fast blind wird".[63]

c) durch andere Menschen

Häufig spricht Gott zu uns durch das, was uns andere Menschen sagen. Das gilt umso mehr, je tiefer die andere Person in Verbundenheit mit Gott und aus der Kraft seines Heiligen Geistes lebt. Die, die ein Gehorsamsversprechen oder -gelübde abgelegt haben, vertrauen darauf, dass Gottes Wille sich auf besondere Weise durch die zeigt, denen sie anvertraut sind, z. B. den Bischof oder die Ordensoberen.

d) durch die Ereignisse des Lebens

In den großen und den kleinen Ereignissen des Lebens können wir Hinweise Gottes entdecken. Ein geradezu klassisches Beispiel wird aus dem Leben des Apostels Paulus erzählt: „Weil ihnen aber vom Heiligen Geist verwehrt wurde, das Wort in der Provinz Asien zu verkünden, reisten sie durch Phrygien und das galatische Land. Sie zogen an Mysien entlang und versuchten, Bithynien zu erreichen; doch der Geist Jesu ließ es nicht zu. So durchwanderten sie Mysien und kamen nach Troas hinab." (Apg 16,6–8; eig. Übers.) Leider berichtet uns Lukas nicht, welche Ereignisse es im Einzelnen waren, die Paulus an der entsprechenden Weiterreise hinderten. Offenbar sind es äußere Gegebenheiten, die Paulus als Zeichen des Heiligen Geistes interpretiert und nach denen er seine Wanderung ausrichtet.

Unsere Aufgabe ist also:

Das Leben lesen lernen!

Dazu hilft vor allem die tägliche Lebensbetrachtung, in der man den vergangenen Tag aufmerksam anschaut und versucht wahrzunehmen, in welchen Ereignissen etwas von Gott durchscheint.

Und „last, not least" spricht Gott

e) durch die Kirche

Das ist natürlich ein schwieriges Kapitel und – wie die bisher genannten Wege auch – durchaus anfällig für Fehler. Aber es gehört wesentlich zur spirituellen Wirklichkeit christlichen Glaubens, dass Gottes Stimme auf unterschiedliche Weise auch in der Kirche hörbar wird. Dies kann durch die Lehre der Kirche geschehen, wie sie in der Liturgie, den Konzilstexten oder den Katechismen aufscheint. Die Stimme Gottes kann (nicht muss!) einem aber z. B. auch begegnen in der Predigt im Gottesdienst, durch den Priester in der Beichte oder durch geistliche Begleiter.

4. Wie erkenne ich, was wirklich von Gott kommt?

Das Problem ist natürlich, wie man erkennen kann, ob das, was einer durch die genannten Weisen entdeckt hat, wirklich Gottes Willen entspricht oder ob es nur Ideen oder gar „Hirngespinste" von sich selbst oder anderen sind. Dazu gibt es in der christlichen Spiritualität vor allem zwei Kriterien:

a) Übereinstimmung mit Jesus Christus
Das entscheidende Kriterium aller christlichen Unterscheidung im Hinblick auf die Erkenntnis des Willens Gottes ist die Frage: Passt etwas zu Christus? Ist das, was einer tut, konform mit Christus? Stimmt das, was ich tue, mit der Lebensgestalt Christ überein? Einfacher formuliert könnte die Regel auch lauten:

> Was würde Jesus dazu sagen?

b) Die Früchte des Heiligen Geistes
In Mt 7,15–20 wird diese sogenannte „Regel zur Unterscheidung der Geister" grundlegend formuliert: „An ihren Früchten werdet ihr sie erkennen. Erntet man etwa von Dornen Trauben oder von Disteln Feigen? Jeder gute Baum bringt gute Früchte hervor, ein schlechter Baum aber schlechte. Ein guter Baum kann keine schlechten Früchte hervorbringen und ein schlechter Baum keine guten. [...] An ihren Früchten also werdet ihr sie erkennen." Es geht an dieser Stelle speziell um die richtigen und die falschen Lehrer des Glaubens. Auf die

„falschen Propheten" wird dabei ein Merksatz angewandt, der von größerer Allgemeingültigkeit ist:

> Es sind die inneren und äußeren Früchte des Lebens, an denen man die geistliche Qualität menschlichen Denkens und Handelns erkennen kann. Das gilt im Hinblick auf andere, aber auch mit Blick auf uns selbst.

Die inneren Früchte sind die Wirkungen von Gedanken oder Handlungen in der Seele. Wirken sie stärkend und aufbauend oder deprimierend und zerstörerisch? Die äußeren Früchte zeigen sich in den Folgen von Worten oder Taten für das eigene Leben oder das anderer. Führen sie zu mehr Lebens- und Beziehungsqualität oder zu weniger?

Äußere Früchte als Folgen des Handelns und innere Früchte als Regungen der Seele begegnen uns auch bei Paulus, und zwar gleich mehrfach. Die zentrale Stelle findet sich im Brief an die Galater (5,19–23). Paulus stellt hier direkt „Werke des [dem Ich verhafteten] Fleisches" und „Früchte des [göttlichen] Geistes" gegenüber. Dieser Abschnitt liest sich wie eine praktische Anwendung des genannten Merksatzes. Diese Gegenüberstellung erweist sich in manchen offenen Lebenssituationen als gute Orientierungshilfe:

> „Die Werke des Fleisches sind deutlich erkennbar: Unzucht, Unsittlichkeit, ausschweifendes Leben, Götzendienst, Feindschaften, Streit, Eifersucht, Jähzorn, Eigennutz, Spaltungen, Parteiungen, Neid und Missgunst, maßloses Trinken und Essen und Ähnliches mehr.
> Die Frucht des Geistes aber ist Liebe, Freude, Friede, Langmut, Freundlichkeit, Güte, Treue, Sanftmut und Enthaltsamkeit."

Auch hier kann man versuchen, die zukünftigen oder bereits eingetretenen Wirkungen im Hinblick auf die eigene Seele und das eigene Leben wahrzunehmen. Genauso geben die möglichen oder schon vorhandenen Wirkungen Aufschluss über die Qualität des eigenen Sprechens und Handelns im Hinblick auf andere.

Zusammenfassend lässt sich also im Hinblick auf uns selbst fragen: Was kann ich an den Früchten meines Lebens über mein Leben erkennen? Oder etwas eingängiger formuliert:

Wie nehme ich in meinem Leben
die Urbewegungen des Heiligen Geistes,
also Glaube, Hoffnung und Liebe, wahr
und wie die Regungen des Ungeistes,
d. h. Misstrauen, Resignation und Egoismus?[64]

5. Mut zum Experiment

Wenn jemand in seiner Angelegenheit etwas von Gott ungefähr verstanden hat, braucht es den Mut, dies zu versuchen. So fordert Jesus uns auf (Mt 7,7; eig. Übers.): „Sucht und ihr werdet finden!" Dann gilt es, sich von Gott in Neues und Unbekanntes, in ungeahnte Weiten führen zu lassen. Ja, dies macht den Reiz des Geführtwerdens durch Gott aus – auch wenn es einem manchmal dabei mulmig wird.

Bei all dem ist es wichtig zu bedenken, dass Führung durch Gott den richtigen Weg gehen lässt, aber nicht vor Krankheit oder anderem Leid bewahrt. Führung durch Gott bedeutet nicht einen Weg durchs Schlaraffenland. In Psalm 23 heißt es deshalb ausdrücklich: „Muss ich auch wandern in finsterer Schlucht [!], ich fürchte kein Unheil; denn du bist bei mir." (V. 4) Und Maria stand drei Jahrzehnte nach der Botschaft des Engels unter dem Kreuz ihres Sohnes. Zum Leben in dieser Welt gehört auch Leiden. Wenn wir uns von Gott führen lassen, dann führt er uns auch durch die Leiden hindurch. Doch wenn wir nicht mehr durchblicken, fängt der Herr erst an. Wenn mir die Führungen Gottes uneinsichtig sind, wenn Gehorsam zum Problem, besser zum Mysterium, wird, dann fängt Gott erst an. Wer vertraut und liebt, kann auch dann gehorsam sein, wenn er nicht versteht. Dies zeigt sich im Neuen Testament etwa im Gehorsam der Apostel beim wunderbaren Fischfang (Lk 5,4f.) und erst recht im Ringen Jesu am Ölberg (Mt 26,36–46 par.).

Gibt es in meinem Leben etwas, das ich als Anruf Gottes erkenne?
Oder gibt es etwas, wobei ich Gott um die Führung meines Weges bitten möchte?
„Gott, du führe mich hinaus ins Weite!"
Hilf mir, deine Stimme zu erkennen und ihr zu folgen!

Josef, der Hörende – eine Bildmeditation

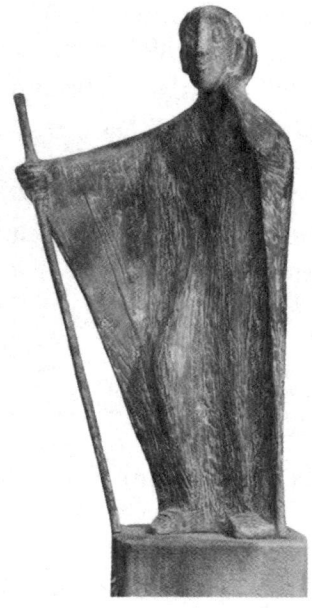

Bronzeplastik: Hilde Schürk-Frisch
Foto: Hans Heer, Würzburg

Bei der Bronzeplastik des heiligen Josef von Hilde Schürk-Frisch (1915–2008) handelt es sich um eine sehr formal gestaltete, eher unpersönliche Figur mit einem allerdings sehr persönlichen Hintergrund. Die Künstlerin hatte im Zweiten Weltkrieg ihren Mann verloren. Er ist irgendwo in Russland gefallen. Noch nach Jahrzehnten konnte man merken, wie Hilde Schürk-Frisch an ihrem Mann gehangen hat und wie schwer sie sich mit dem Verlust ihres Mannes getan hat. Ein für sie wesentlicher Versuch, mit dem Tod ihres Mannes umzugehen, war die künstlerische Betätigung. Ihr gefallener Mann hieß Josef, und die Künstlerin fand heraus, dass die Gestalt des neutestamentlichen Josef nicht nur viel mit der Persönlichkeit ihres Mannes zu tun hat, sondern auch eine Botschaft an sie und ihr Leben mit Gott im Hinblick auf das Fehlen ihres Mannes bedeutete. So hat sie sich des Josef-Motivs immer wieder angenommen, und im Laufe der Jahre entstand eine Vielzahl von Josefsfiguren, die sich formal sehr ähnlich sind und doch je andere Akzente setzen. Es sind Variationen über ein Lebensthema der Künstlerin. Daher ist die Figur, die zur Meditation anregt, ein Bild gelebten Glaubens.

Die Person, um die es geht, ist ein Mann, der sonst nie im Rampenlicht steht: Josef Ben Jakob. Er lebte in Nazaret, dem kleinen Städtchen im Norden von Israel. Von Beruf war er Zimmermann – damals wie heute ein angesehenes Handwerk. Mit diesem Beruf gehörte er nicht zu den ganz reichen Leuten, aber auch nicht zu den Armen. Außerdem war Josef aus einer der ganz alten Familien im Land. Von Josefs Familie erzählte man sich, dass sie auf König David zurückging. Josef war also keine schlechte Partie für das junge Mädchen Maria, ebenfalls aus Nazaret. Und Josef war ein Mann, den Gott sich offensichtlich nicht umsonst für eine besondere Mission ausgesucht hat, denn Josef war einer, der hören konnte. Schließlich wird Josef eine ganze Menge zugemutet. Was er glauben soll, das geht doch ziemlich weit über menschliches Begreifen hinaus. Aber Josef ist für diese Botschaft offen. Er bleibt nicht bei seinen eigenen Gedanken stehen. Er hört hin, was Gott ihm zu sagen hat. Er lässt sich von der Botschaft Gottes anrühren.

Damit sind wir beim ersten von drei Aspekten dieser Plastik. Die Bronze zeigt Josef im Angerufensein von Gott, ganz gesammelt, ganz bereit, seine Berufung zu hören und anzunehmen. Das Wort der Anrede kommt von oben. Es ist offenbar leise, nicht aufdringlich. Gott redet überhörbar. So nimmt der Mann seine Hand zu Hilfe, legt sie um die Muschel seines Ohrs. Nichts soll ihm entgehen. Alles in ihm hört. Er ist ganz Hörender. So kann er Gottes Anruf vernehmen.

Die Anstrengung des Hörens lohnt sich. So kann der Mensch vom Wohl-Willen Gottes über ihn wissen und von dessen Plänen. Im immer neuen Hinhören lernt er die Gabe der Unterscheidung von Wesentlich und Unwesentlich. Im immer neuen Hören lernt er die Botschaft verstehen, die ihm den Sinn des Lebens deutet. Diese Botschaft erfüllt und trägt. Wer so hört, dessen ganzes Leben wird zu einem Buchstabieren göttlicher Rede, zu einem Sprechen vom Geheimnis dessen, dessen Wort er vernommen hat.

„Höre auf ihn und dein Herz wird sich freuen." (Jes 30,30; Eröffnungsvers des 2. Adventsonntags) Im währenden Lauschen werden wir es erfahren.

Ein zweiter Aspekt: Josef steht mit beiden Beinen fest auf dem Boden. Richtig breit und ausladend sind die Füße gestaltet. Als Glaubender hat Josef einen festen Stand. Paulus schreibt: „[...] im Glauben steht ihr fest" (2 Kor 1,24). Und im Hebräerbrief heißt es: „Glaube ist: Feststehen in dem, was man erhofft." (Hebr 11,1) Sein Ausgerichtet-Sein auf Gott ermöglicht es Josef, in sich zu stehen, er selbst zu sein – oder biblisch gesprochen: ganz zu sein.

Ein dritter Aspekt: Josef ist im Aufbruch; er hat den Wanderstab in der Hand, bereit loszugehen. Ob es ihm wie dem Propheten Jesaja ergeht? Er hört die Stimme Gottes, die ruft: „Wen soll ich senden? Wer wird für uns gehen?" Und der Prophet antwortet: „Hier bin ich, sende mich!" (Jes 6,8). Wie Jesaja ist Josef bereit, sich von Gott in Dienst nehmen zu lassen. Aus der Begegnung mit dem Herrn, aus dem Hören und im Hören bricht er auf im Dienst für ihn. Bin ich bereit, mit dem Propheten zu sprechen: „Hier bin ich, sende mich"?

„Es ist nicht leicht, offen in die Welt hineinzugehen, ohne in ihr aufzugehen. Je tiefer jemand im Einsatz Gottes für die Welt in sie hineingeht, umso intensiver muss er auf Gott hören" (Reinhard Lettmann) und umso fester seinen Halt im Glauben finden. So kann einer Zeuge Gottes in der Welt sein.

Josef – ganz da, Gottes Anruf zu hören und anzunehmen.

Josef – im Glauben fest verwurzelt.

Josef – ganz bereit, sich senden zu lassen.

Herr, mein Gott!
„Was bist Du mir?
Und ich, was bin ich Dir,
dass Du wünschst, von mir geliebt zu werden?
Sage mir um Deiner Erbarmungen willen, Herr, mein
Gott, was Du mir bist!
Sag meiner Seele: Ich bin Dein Heil.
Sag es so, dass ich's höre!
Siehe die Ohren meines Herzens vor Dir, Herr;
öffne sie und sprich zu meiner Seele: Ich bin dein Heil.
Herlaufen will ich hinter dieser Stimme und Dich
ergreifen.
Verbirg nicht vor mir Dein Antlitz."[65]

„... um des Himmelreiches willen"
Der Rat der Ehelosigkeit

Der Rat der Ehelosigkeit um des Himmelreiches willen ist wohl der evangelische Rat, der am meisten auf Unverständnis stößt und Widerspruch provoziert. „Eine fürchterliche Erfindung des Mittelalters", „unmenschlich und unlebbar", „ein alter Zopf des Kirchenrechts, der endlich abgeschafft gehört", so lauten einige der Aussagen, die mir in den zahlreichen Diskussionen zu diesem Thema begegnen. Und tatsächlich muss es gerade in unserer Zeit als sehr sonderbare Lebensform erscheinen, auf die Ehe, ja überhaupt auf das Ausleben sexueller Bedürfnisse zu verzichten. Verständlicherweise fragen Menschen, ob das überhaupt geht und ob eine solche Lebensweise nicht notwendig sehr defizitär sein muss und deshalb nicht menschlich erfüllend sein kann. Besonders die Zölibatsverpflichtung für Priester in der römisch-katholischen Kirche ist seit Jahren in der Diskussion. Neben der katholischen Kirche kennen aber auch die orthodoxen, die anglikanische und evangelischen Kirchen das Versprechen bzw. Gelübde der Ehelosigkeit um des Himmelreiches willen – je nach Kirche unterschiedlich für Bischöfe, Ordensfrauen und -männer, Eremiten, geweihte Jungfrauen und Diakonissen.

Dieses Kapitel versucht, die Hintergründe, die Voraussetzungen und die Bedeutung zölibatären Lebens zu beschreiben.[66] Beginnen wir mit der historischen Entwicklung, die für das Verständnis des Rates der Ehelosigkeit hilfreich ist.

Die Geschichte des Zölibats – ein Überblick

Es war einmal ... ein Märchen, nämlich das Märchen von der Erfindung des Zölibats im Mittelalter. Und weil Märchen so schön sind und dieses Märchen so gut in die aufgeklärte Neuzeit des 21. Jahrhunderts passt, wird es immer wieder erzählt. Dabei zeichnet der aktuelle Forschungsstand ein anderes Bild.[67] Der Beginn dieser Geschichte ist in der Bibel nachzulesen.

1. Altes Testament und Judentum zur Zeit Jesu

Grundsätzlich war es in alttestamentlicher Zeit für jeden Mann üblich, verheiratet zu sein. Doch Klaus Berger weist darauf hin, dass man „generell sagen kann, dass jede Art von Kontakt mit der himmlischen Welt, sei es bei Propheten, sei es bei Priestern, in wachsendem Maße praktizierte Sexualität ausschloss. Zu einem generellen ‚Muss‘ kam es freilich nie. Noch bei Paulus ist dieser Ansatz ganz selbstverständlich erhalten. Denn er setzt voraus, dass man Gebet und Sexualität streng scheidet, wenn er im ersten Korintherbrief (7,5) sagt, dass Eheleute sich zum Gebet einander entziehen dürfen. Damit denkt Paulus offensichtlich nicht an die Dauer eines Tischgebetes, sondern an längere Zeiträume."[68] – „Diese Vorstellungen [...] hängen [...] sehr eng mit dem Gottesbild Israels zusammen. Der Gott Israels ist im Unterschied zu den Göttern in der gesamten Umwelt Israels nicht verheiratet. Er ist also darin den Menschen unähnlich. Denn er ist der eine und einzige Gott, das Geheimnis der Welt. So ist er ‚höher‘ oder ‚tiefer‘ als alle Sexualität anzusetzen, eben gerade so, wie auch jeder Mensch einen Personenkern hat, der tiefer liegt als seine Sexualität, wenn auch nicht unabhängig von ihr. Der Sinn dieser Ehelosigkeit: Es gibt mehr als Sexualität und Beziehungen."[69] Hier spielt die alttestamentliche Vorstellung von Heiligkeit eine wichtige Rolle. „‚Heilig‘ ist das, was ausgesondert ist aus dem gewöhnlichen, profanen Bereich, das, worauf Gott seine Hand gelegt hat, was ihm gehört [...]. Heiligkeit in diesem Sinn und Geschlechtsverkehr schließen sich aus [...].

Wer sich Gott naht oder den Dingen, die ihm gehören, muss sich mindestens einen Tag des Geschlechtsverkehrs enthalten haben. "[70] In diese Vorstellungen dürfen keine Fantasien einer abwertenden „Makelhaftigkeit" der Sexualität hineininterpretiert werden, die dem Alten Testament, dem Judentum und weiten Teilen der frühen Kirche fremd sind. Es geht vielmehr um eine Haltung, die dem ähnelt, was das Mittelalter „vacare Deo" nennt: „Leersein für Gott".

2. Neues Testament und erstes Jahrhundert

Diese Haltung wird von Jesus radikalisiert – im Sinn „eine[r] gesamtbiblische[n] Auffassung von Zeichenhandlung biografischen Ausmaßes" wie etwa bei den Propheten[71]. „Die Ehelosigkeit Jesu muss für ihn notwendig eine ganz zentrale Bedeutung gehabt haben. In der Kultur, in der Jesus aufwuchs und lebte, war Fruchtbarkeit ein besonderes Zeichen für Gottes Segen [...]. Insofern kann Jesu Ehelosigkeit nicht etwas für seinen Glauben Nebensächliches gewesen sein."[72]

Die Synoptiker überliefern im Zusammenhang mit anderen Worten zur Gestalt der Jesusnachfolge der Apostel ein Jesuswort zum Verlassen von Familie und Besitz: „Da ist niemand, der Haus oder Frau oder Brüder oder Eltern oder Kinder verlässt um des Reiches Gottes willen, der nicht vielfach wieder empfange in dieser Zeit und in der kommenden Welt das ewige Leben." (Lk 18,29f. par.) Und im Zusammenhang der Jesusworte zur Nachfolge der Apostel steht bei Matthäus das Wort von denen, die „sich zu Eunuchen gemacht haben um des Himmelreiches willen" (Mt 19,12, vgl. Weish 3,14; Jes 56,3–5; Jer 16,2ff.). Für die Synoptiker gibt es demnach auch eine Verbindung zwischen apostolischem Amt und spiritueller „Eheunfähigkeit", die auch Verheiratete treffen kann. Wohl hatten die Apostel die Möglichkeit, eine Frau auf ihre Missionsreisen mitzunehmen, allerdings einfach und ausschließlich zu ihrem Unterhalt, so wie Jesus selbst Frauen um sich hatte, die für ihn sorgten.[73]

Die wenigen Spuren, die das weitere Entstehen der Ämterordnung im Neuen Testament hinterlassen hat, zeigen keine Verbindung von Amt und Unverheiratetsein, wohl aber von Amt und sexueller Enthaltsamkeit. Die Pastoralbriefe sprechen von „Bischöfen" und „Diakonen", die „einer Frau Mann", also nur einmal verheiratet, sind.[74] Der Sinn dieses Zweitehenverbots lässt sich für das erste und zweite Jahrhundert nicht mit letzter Sicherheit erschließen, da es in den Texten dieser Zeit nie direkt begründet wird. Die Zusammenhänge deuten aber in eine Richtung, die ab der ersten Hälfte des dritten Jahrhunderts klar aus den Quellen nachweisbar ist: Es geht um die Fähigkeit zur dauernden Enthaltsamkeit nach der Weihe. So gehen auch die Pastoralbriefe „davon aus, dass ein Weihekandidat, der in zweiter Ehe lebt, nicht enthaltsam leben kann. Er hat sozusagen den Enthaltsamkeitstest seiner Witwerzeit nicht bestanden."[75] Doch eben aus „dem Kreis der Witwer und Witwen, diesem asketischen Reservoir ehemals verheirateter Zölibatäre", bezogen die Christen des ersten und zweiten Jahrhunderts „ihre Führer", schreibt Peter Brown, einer der bedeutendsten Kenner der Antike.[76]

3. Zweites bis fünftes Jahrhundert[77]

Für die nachapostolische Zeit urteilt Peter Brown: „Das Ideal der Jungfräulichkeit, ebenso von Männern wie von Frauen gelebt, erfreute sich in der christlichen Kirche – in einigen Bezirken schon sehr früh, und universal nach ca. 300 n. Chr. – einer moralischen und kulturellen Hochachtung, die bis zur Reformation unangefochten blieb. Die Tendenz ist deutlich, die Leitung der Kirche – besonders in ihren ausdrücklichen und maßgeblichen Formen – in die Hand jener zu legen, die als sexuell enthaltsam galten; das geschah in unterschiedlichem Maß und unterschiedlich schnell entsprechend den Unterschieden innerhalb der christlichen Regionen. [...] Unter ‚Jungfräulichkeit' pflegten die Christen eine lebenslange Enthaltsamkeit von sexuellem Verkehr zu verstehen. So wurde gerade auch der physische Zustand der Jungfräulichkeit als der Stand hochgehalten, den zu erstreben jeder Mensch – Männer genauso gut wie Frauen – alles Recht hatte. [...] Enthaltsamkeit, im Allgemeinen mit der unwiderruflichen Entsagung aller künftigen sexuellen Beziehungen verbunden, war jedoch vor allem eine verbreitete Entscheidung unter den Männern."[78]

In der Entwicklung des Jungfräulichkeitsideals, des Mönchstums und des Klerikerzölibats war dabei nicht ein einzelnes Motiv entscheidend, sondern ein Bündel aus Gedanken der Heiligen Schrift sowie deren Entfaltung in Theologie und Spiritualität, Anschauungen der zeitgenössischen Philosophie und zeitbedingten Wertmaßstäben. Lassen wir noch einmal ausführlich Peter Brown zu Wort kommen: „Die Gründe dürfen niemals ausschließlich auf Haltungen gegenüber der Sexualität eingeschränkt werden – wie es bei modernen Gelehrten nur zu leicht geschieht."[79] – „Für die antiken Menschen lag der Schwerpunkt der Auffassung nicht – wie wir automatisch erwarten möchten – allein in der Unterdrückung der Sexualität des Einzelnen als Ziel an sich."[80] Vielmehr ging es um den Versuch, sich nicht in die Gesellschaft mit ihren Konventionen einbinden zu lassen, wie es durch die Ehe geschah. „Das Leben der sexuell Enthaltsamen galt als eine genaue irdische Nachahmung des ‚Lebens der Engel'. Damit meinten die Christen ein Leben in Gemeinschaft – denn welche Gruppe ist harmonischer als die Engel des Himmels? –, aber in einer Gemeinschaft, die nicht mehr durch die Bande der Ehe, Familie und Verwandtschaft nachgebildet war."[81] So „sei die überaus große Bedeutung der *sozialen* Implikationen des Jungfrauenstandes in der Spätantike herausgestellt. ‚Abnormal' war der jungfräuliche Körper nicht unbedingt deshalb, weil die sexuellen Triebe überwunden worden waren – für den durch-schnittlichen Beobachter eine schon ungeheure Leistung; sondern [...] weitgehend deshalb, weil er zutiefst asozial war: Er gehörte nicht der Gesellschaft, so wie sie naturgemäß zu begreifen war.

Die Festigkeit, mit der man das Herauslösen der Person aus den Anforderungen der Gesellschaft betonte, führte zu einer Neuorientierung der bisherigen Auffassung von der mensch-lichen Person. Viele, die über Jungfräulichkeit schrieben, wie Gregor von Nyssa und Ambrosius, bewegten sich zwar noch unreflektiert in einer platonischen Welt. Doch wenn sie auch platonische Gedankengänge gebrauchten, rüttelte ihre be-wusste Konzentration auf die spezifisch soziale Bedeutung des Ideals der Jungfräulichkeit doch an einer tragenden Säule des klassischen griechischen Denkens – der scharfen Zweiteilung zwischen dem Selbst und dem Körper."[82] So kam es zu einer neuen Einschätzung des menschlichen Leibes. Für Griechen und Römer war der Leib „dazu da, verwaltet, nicht verändert zu werden"[83]. Anders für Christen: „Durch die Fleischwer-dung Christi hatte der höchste Gott sich hinabbegeben, um sogar den Leib einer Verwandlung fähig werden zu lassen."[84] – „Der Körper war kein neutrales Ding, das zwischen Natur und Staat angesiedelt war. Paulus gab ihm einen festen Platz als ‚Tempel des Heiligen Geistes' [1 Kor 6,19]. [...] Er gehörte dem Herrn."[85] So liegt ein weiterer wesentlicher Grund der christ-lichen Jungfräulichkeit und damit auch des Klerikerzölibats in dem großen Gewicht, das dem menschlichen Körper als Ort der nichtnatürlichen Vermittlung des Menschlichen mit dem Göttlichen zukam. Diese Spiritualität liegt in der Linie des zu Beginn erwähnten alttestamentlichen und jüdischen Heilig-keitsdenkens einer völligen Hinordnung des eigenen Lebens auf Gott. So schreibt Papst Siricius im Jahr 385 in einem Brief: „[...] durch das unauflösliche Gesetz werden wir alle gebun-den, dass wir vom Tag unserer Weihe an unsere Herzen und Körper der Nüchternheit und Keuschheit überantworten, damit wir dem Herrn, unserem Gott, in den Opfern gefallen, die wir täglich darbringen"[86].

Entsprechend ging es einer Reihe von asketischen Schriftstellern nicht nur um die „Abtötung des Körpers", sondern um „seine tief gehende Heiligung; deshalb wurde auf das genaue Auf und Ab der sexuellen Empfindungen im Körper geachtet. Sie wurden weniger als Regungen eines Bereiches betrachtet, der dem wahren Ich fremd ist, denn als eine barmherzige Erinnerung an die tieferen Spannungen der Seele, die durch Gottes Güte aus den geheimnisvollen Schlupfwinkeln des Körpers ans Licht gebracht werden."[87]

Hinsichtlich der historischen Entwicklung lässt sich im Hinblick auf den Klerikerzölibat zusammenfassen: Vom zweiten bis zum fünften Jahrhundert gibt es eine für Osten und Westen einheitliche Regelung, die im Anschluss an die Pastoralbriefe von Weihekandidaten fordert, dass sie – wenn überhaupt – zum ersten Mal verheiratet sind bzw. dass Witwer nur einmal verheiratet waren. Höhere Kleriker (d. h. Bischöfe, Priester und Diakone) dürfen nach der Weihe nicht erneut heiraten. Vieles deutet darauf hin, dass diese Bestimmungen im Hinblick auf sexuelle Enthaltsamkeit nach der Weihe getroffen wurden. Seit der ersten Hälfte des 3. Jahrhunderts kann der Zölibat als Ehelosigkeitszölibat oder als Enthaltsamkeitszölibat (d. h. man lebte verheiratet, aber ohne sexuellen Verkehr) für höhere Kleriker mit historischer Sicherheit als universal verbreitet angesehen werden. Er wird durch verschiedene Bestimmungen von Synoden (Elvira 306, Ankyra 314,[88] Neocaesarea 314) auch bereits in formale Gesetze gefasst.[89] Doch gehört die Verbindung von Priesteramt und zölibatärer Lebensform nicht zum unumstößlichen Glaubensgut der Kirche. So kam es auch nicht zu einer einheitlichen Gesetzgebung zum Zölibat.

4. Frühmittelalter

In den Bistümern des Ostens gab es ab dem 7. Jahrhundert eine neue Regelung: Priester, Diakone und Subdiakone durften eine vor der Weihe geschlossene Ehe auch mit geschlechtlichem Zusammenleben weiterführen. Sie wurden allerdings verpflichtet, während der Tage, an denen Gottesdienst gefeiert wurde, enthaltsam zu sein. Eine nach Empfang des Subdiakonates geschlossene Ehe musste getrennt werden. Bischöfe hatten dauernd enthaltsam zu leben.[90] Diese Regelung blieb im Grundsatz in den Ostkirchen bis heute verbindlich. Sie wurde von Rom, auch für die unierten Kirchen, anerkannt.

Im Westen setzte sich die hergebrachte Norm durch: Bischöfe, Priester, Diakone und auch niedere Kleriker durften nicht mit ihren Ehefrauen verkehren. „Die Enthaltsamkeitsverpflichtung war allgemeine Lehre und Praxis der frühmittelalterlichen Kirche; auch nicht eine widersprechende Stimme wurde laut."[91] Vielfach wurde Weihekandidaten und deren Frauen ein Enthaltsamkeitsversprechen abgenommen. In den Städten gab es „eine quasi-klösterliche Lebensgemeinschaft, die zölibatär lebte"[92]. Die weitere Entwicklung des Klerikerzölibats im Sinn der Ehelosigkeit wird an immer weiter präzisierten Bestimmungen deutlich. Grundsätzlich sollten Kleriker gar nicht ehelich leben.[93]

Dem Frühmittelalter ist also sowohl die Vorstellung eines „nur" enthaltsamen wie auch die eines jungfräulichen Priesters geläufig. Auch in dieser Zeit ist ein Bündel von Motiven prägend. Besonders zu nennen sind die Gedanken einer Vermählung mit Christus und einer geistlichen Vater- und Mutterschaft.[94] Die Haltung zur Sexualität und damit auch zum Zölibat wurde im Frühmittelalter aber auch verstärkt von archaischen Vorstellungsweisen zur kultischen Reinheit geprägt.[95]

5. Hoch- und Spätmittelalter

Nach brüchigerer Zölibatsdisziplin im allgemeinen Niedergang des 10. Jahrhunderts wurde der Klerikerzölibat im Zusammenhang mit der kirchlichen Reformbewegung des 11. und 12. Jahrhunderts von Reformern und Volksbewegungen gefördert. „Die Verweltlichung und die Aussicht, im Klerikerstand ein gutes Auskommen und gesicherte Lebensexistenz zu haben", wurden als „Hauptgründe für die Missachtung der Zölibatsvorschriften" angesehen.[96] In dieser Zeit entwickelte sich in der westlichen Kirche zunehmend ein Kirchenrecht als kodifiziertes Recht. So entstand auch eine deutlichere kirchenrechtliche Regelung des Zölibats der Priester: Im Jahr 1031 bestimmt die Synode von Bourges, dass zum Subdiakonat nur zugelassen wird, wer sich zur Ehelosigkeit verpflichtet. Seit 1139 ist der Empfang der Bischofs-, Priester-, Diakonen- oder Subdiakonenweihe ein sogenanntes „trennendes Ehehindernis". Manchmal wird deshalb irrtümlicherweise angenommen, es gäbe erst seit dem 12. Jahrhundert die Zölibatsverpflichtung. In Wirklichkeit wird in dieser Zeit eine seit Langem bestehende Norm in das erst jetzt entstehende kanonistische Kirchenrecht aufgenommen und entsprechend formuliert. Also tatsächlich gibt es die heutige kirchenrechtliche Fassung der Zölibatsverpflichtung für Bischöfe und Priester erst seit 1139, aber gleichzeitig ist es in der westlichen Kirche eine von Beginn an vorhandene Wirklichkeit, dass Bischöfe, Priester und Diakone sexuell enthaltsam leben – entweder in der Ehe oder ehelos.

Im Anschluss, also vom 12. bis 14. Jahrhundert, war die faktische Einhaltung des Zölibats grundsätzlich gegeben. Diesbezügliche Klagen in den Quellen sind selten. Die entstandenen Reform- und Bettelorden vertieften das Verständnis und die spirituelle Praxis zölibatären Lebens. Die verschiedenen Konzilien und Synoden unterstrichen die Zölibatsverpflichtung für Kleriker, auch das Reformkonzil von Basel (1431–1437/1449).[97]

Eine Laxheit im Umgang mit dem Klerikerzölibat entwickelte sich im 15. Jahrhundert im Kontext einer zunehmenden allgemeinen Verflachung des Glaubenslebens.

6. Neuzeit

Die Reformatoren wandten sich im 16. Jahrhundert gegen eine Zölibatspflicht. Entsprechend fordern die protestantischen Kirchen kein zölibatäres Leben von ihren Pfarrerinnen und Pfarrern.

Das Konzil von Trient bestätigte für die katholische Kirche die geltende Regelung. Die von ihm ausgehende Reform hat langsam eine weitgehende Einhaltung des Zölibats bei Klerikern und Ordenschristen bewirkt.

Auf dem Zweiten Vatikanischen Konzil war der Zölibat der Diözesanpriester ein intensiv diskutiertes Thema. Es ist eine große Zahl von Beiträgen zu verzeichnen, die inhaltlich aber verschiedene Akzente setzten und in unterschiedliche Richtungen gingen.[98] Am Ende formulierte das Konzil mit großer Mehrheit einen Text, der im Hinblick auf die Frage der Zölibatsverpflichtung zusammenfasst: „Diese Heilige Synode bestätigt und bekräftigt von Neuem das Gesetz für jene, die zum Priestertum ausersehen sind"[99] – eine im Vergleich zu anderen Konzilsaussagen ausgesprochen entschiedene Formulierung. Dennoch gab es in den folgenden Jahrzehnten vor allem in westlichen Ländern immer wieder aufflammende Diskussionen um den sogenannten „Pflichtzölibat".

Gründe für den Zölibat und die Zölibatsverpflichtung der Priester

Warum hat eine zölibatäre Lebensweise Sinn und warum kann oder soll es eine Zölibatsverpflichtung für Priester geben? Das Konzil formuliert Gründe, warum es „angemessen" ist, Bischofs- und Priesteramt in der lateinischen Kirche mit der Verpflichtung zu einem ehelosen (und natürlich keuschen) Leben um des Himmelreiches willen zu verbinden. Dabei stellt sich allerdings sofort die Frage: *Was bedeutet „angemessen"?*

Angemessenheit (im entsprechenden lateinischen Konzilstext steht „convenientia") ist als Pendant zu Notwendigkeit und Beliebigkeit gemeint. Das heißt, es gibt keinen logisch zwingenden Grund innerhalb der Theologie. Andererseits handelt es sich um keine bloß willkürliche Zulassungsbestimmung, sondern um eine mit Sinn gefüllte Verpflichtung.

Die meisten Beweggründe im Leben sind Angemessenheits- bzw. Konvenienzgründe. Vom Straßenverkehr abgesehen, handeln wir in den allermeisten Fällen nicht aus logischer Notwendigkeit. Bei den meisten Entscheidungen gibt es mehrere Möglichkeiten. Wir entscheiden uns in der Regel für die uns sinnvoller erscheinende: Wenn wir einkaufen, wie wir ein Fest feiern, wie wir Liturgie feiern, wie Freundschaften entstehen und durchgetragen werden und erst recht, wie Mann und Frau sich finden – immer handelt es sich um Angemessenheitsgründe. Welche Frau oder welcher Mann wollte sagen, er habe sich den Partner oder die Partnerin aus Notwendigkeit ausgesucht oder gar aus Beliebigkeit?

Solche Angemessenheit gilt auch bei der Zölibatsverpflichtung: Es gibt keine logisch notwendige Entscheidung in die eine oder andere Richtung, doch man kann darüber nachdenken und diskutieren.

Bei dem maßgeblichen Text des Zweiten Vatikanischen Konzils zu diesem Thema handelt es sich um einen Abschnitt

(Nr. 16) des „Dekrets über Dienst und Leben der Priester mit dem Titel *Presbyterorum ordinis*. Dort heißt es: „Der Zölibat hat eine vielfache Konvenienz mit dem Priestertum."[100] Dann wird dieser Zusammenhang beleuchtet. Dabei führt das Konzil grundlegende Elemente einer Spiritualität des Zölibats an, die – über ihre Bedeutung für dessen Verbindung mit Bischofs- und Priesteramt hinaus – erhellen, was das geistliche Fundament zölibatären Lebens für alle ist, die sich an diese Lebensform gebunden haben. In den folgenden Punkten wird deshalb zuerst die spirituelle Dimension und dann deren Konvenienz mit dem Priesteramt dargestellt.

1. „Dienst an der neuen Menschheit"

Als Erstes führt das Konzil ein Moment an, das den Blick auf das Neue richtet, das Jesus gebracht hat. Im Hintergrund steht das christliche Bewusstsein, dass die Welt, so wie sie ist, nicht in Ordnung ist und Jesus Christus ihr deshalb Erlösung und Heil gebracht und eine neue, gute Ordnung verkündet hat. Mit den Worten des Konzils geht es um den „Dienst an der neuen Menschheit [...], die Christus, der Sieger über den Tod, durch seinen Geist in der Welt erweckt und die ihren Ursprung ‚nicht aus dem Blut, nicht aus dem Willen des Fleisches und nicht aus dem Willen des Mannes, sondern aus Gott' (Joh 1,13) hat"[101]. Der Zölibat in seiner Dimension einer existenziellen, auch die Sexualität umfassenden Ganzhingabe an Gott kann ein Zeichen für diese angestrebte Ausrichtung der ganzen Welt auf Gott sein. Es geht im christlichen Glauben wesentlich um den neuen Himmel, um das Himmlische, nicht nur als Jenseitiges, sondern als das, was durch ein Leben aus dem Glauben an Jesus Christus schon in unserer Welt gegenwärtig wird. Für das Konzil ist der Zölibat auch insofern ein Zeichen des neuen Lebens, als er daran erinnert, dass die Ehe zu *diesem* Leben gehört. Dabei bezieht sich das Konzil auf das

Jesuswort: „Wenn die Menschen von den Toten auferstehen, werden sie nicht mehr heiraten, sondern sie werden sein wie die Engel im Himmel." (Mk 12,25 par.) Der Zölibat erinnert an die Vorläufigkeit alles dessen, was wir leben und erleben. Alles ist hingeordnet auf die Vollendung durch Gott. Insofern kündigt die zölibatäre Lebensweise das Reich Gottes an.[102]

Etwas zugespitzt formuliert bedeutet dies: Wer zölibatär lebt, der ist ein Stück nicht von dieser Welt – und das soll so sein! Das ist natürlich in einer Zeit, in der Bodenhaftung und Weltbezogenheit alles sind, ein schwieriger Auftrag. Die Zölibatären sollen in eben dieser Zeit durch ihr ganzes Leben ein Hinweis darauf sein, dass Zeit- und Weltbezogenheit nicht alles ist. Jesus scheut sich vor diesem Hintergrund nicht, sehr provokant zu formulieren: „Es gibt Eunuchen, die sich selbst zu Eunuchen gemacht haben um des Himmelreiches willen." (Mt 19,12 – in wörtlicher Übersetzung)

Hinter diesem Satz steckt die wohl allgemeine Erfahrung, dass unsere Sehnsucht in allem größer ist als die Erfüllung, die wir in diesem Leben finden können, und dass insbesondere die Liebe immer mehr erhofft, als in diesem Leben erfüllt werden kann. „Es bleibt ein andauerndes Missverhältnis zwischen den Wünschen und ihrer Erfüllung."[103] Ingeborg Bachmann dichtete deshalb: „An allem ist etwas zu wenig." Es muss deshalb doch mehr als alles geben. Alles kann nicht alles sein. Unsere Sehnsucht nach Glück und Liebe greift über alles hinaus, was sich in diesem Leben erfüllt. Und gerade die Bilanz eines glücklichen Lebens enthält als letzten Wunsch das Verlangen, dass ewig bleiben soll, was in diesem Leben an Gutem geworden ist. Der Zölibat hält diese gewaltige Leerstelle des Lebens sichtbar offen und ist Ausdruck des sehnsüchtigen Wartens auf die Wiederkunft des Herrn und die Vollendung der Welt.

Der Freiburger Moraltheologe Eberhard Schockenhoff merkt dazu im Hinblick auf die derzeitige kirchliche Situation an: „In dem Maß, in dem viele engagierte Christen den wesentlichen Impuls der Reich-Gottes-Botschaft Jesu primär oder ausschließlich in der Verbesserung der innerweltlichen Lebensverhältnisse [...] sehen, verliert das ehelose Leben der Priester und Ordensleute auch in der Kirche seine existenziell durchschlagende Sinnmotivation."[104] Der Zölibatäre lebt deshalb eine prophetische Existenz, zu der es gehört, dass Zeichen gelebt werden, die viele nicht verstehen wollen oder können.

Das bedeutet im Hinblick auf die Verbindung von Zölibat und Priesteramt:

> Es gehört zum spezifischen Dienst des Priesters, sich und die Gemeinde offen zu halten für Größeres, in dem das Jetzige erst seinen vollen Sinn erfährt. Dieses Leben aus der Gnade Gottes mit Blick auf die Vollendung ist eine besondere Aufgabe priesterlichen Dienstes. Dem entspricht der Zölibat.

Für das spirituelle Leben des Priesters und aller, die um des Himmelreiches willen ehelos leben, bedeutet der „Dienst an der neuen Menschheit", das eigene Leben als ein Auf-dem-Weg-Sein zu begreifen und zu gestalten. Der Hebräerbrief formuliert entsprechend: „Wir haben hier keine bleibende Stadt, sondern die zukünftige suchen wir". (Hebr 13,14) Das kann heißen, im Bewusstsein der Vorläufigkeit des Jetzigen und des Aktuellen im umfassendsten Sinn zu leben, sich z. B. möglichst wenig an Vorläufiges zu hängen und offen für persönlich betreffende Veränderungen – auch im Sinn des evangelischen Rates des Gehorsams – zu sein. Hier liegt auch ein Bezug zum Rat der Armut im Sinn von: haben, als hätte man nicht![105]

Johannes Bours formulierte einmal:

**Die evangelischen Räte sind, positiv gesehen,
ein Zeichen der Weltbejahung:
Diese Welt ist auf ein Mehr, auf Vollendung angelegt.
Negativ gesehen, ein Zeichen der Weltrelativierung:
Sie ist nicht alles, sie vergeht – verliert euch nicht an sie![106]**

2. Durch den Zölibat „auf neue und außerordentliche Weise Christus geweiht"

Für den heiligen Franziskus von Assisi, der Ordensmann und Diakon, aber nicht Priester gewesen ist, war ein bestimmendes Motiv für seine Ehelosigkeit: Leben, wie Jesus selbst gelebt hat! „Dem jungfräulichen Jesus folgen: sein radikales Leben auf Gott hin, von Gott her. Seine totale Offenheit auf Gott hin, im radikalen Absehen von sich selbst, in reiner Liebe."[107] Das ist die christologische Ausprägung des mittelalterlichen „vacare Deo", das es als Haltung bereits im Alten Testament gibt, wie wir oben gesehen haben. Ehelos leben, wie Jesus gelebt hat, bedeutet, zu einem umfassenden Leben dieser Selbsthingabe in der Lage zu sein, weil keine Bindung an Ehepartner und Familie verpflichtet, und der Selbstentäußerung Jesu auch in der sexuellen Enthaltsamkeit nachzufolgen. So bringen Zölibatäre die „Jugendlichkeit", ja die „Bräutlichkeit" der Liebe zu Gott zum Ausdruck.

Diese Dimension des Zölibats stützt ein wesentliches Moment priesterlichen Dienstes. Denn durch „die Jungfräulichkeit und die Ehelosigkeit um des Himmelreiches willen werden die Priester in neuer und vorzüglicher Weise Christus geweiht"[108]. Sie können auf diese Weise Christus in einem möglichst radikalen Leben für Gott verbunden sein. In dieser sich verschenkenden Hingabe, die auch im Bereich der Sexualität der Lebensform Jesu gleicht, sollen sie Jesus vergegenwärtigen. Das entspricht dem Wesen des Weihesakraments, denn durch „die Weihe und die vom Bischof empfangene Sendung werden die Priester zum Dienst für Christus [...] geweiht. Sie nehmen teil an dessen Amt, durch das die Kirche hier auf Erden ununterbrochen zum Volk Gottes, zum Leib Christi und zum Tempel des Heiligen Geistes auferbaut wird."[109] Das Weihesakrament „macht sie dem Priester Christus gleichförmig, sodass sie in der Person des Hauptes Christus handeln können"[110].

> Aufgrund dieser existenziellen Bezogenheit auf Jesus Christus durch das Sakrament der Priesterweihe ist es für die Priester angemessen, dass sie der Selbstentäußerung Christi in der sexuellen Enthaltsamkeit nachfolgen und wie er ihr Leben auf umfassende Weise an Gott und die Menschen verschenken können.

3. Christus „leichter mit ungeteiltem Herzen anhangen"

Hier bezieht sich das Konzil auf die Worte des Apostels Paulus in 1 Kor 7,32–34. Paulus verwendet an dieser Stelle ein Wortspiel und führt aus: Der Ehelose kann sich ungeteilt und „unbeschwert durch Fürsorge" (griech.: *„amérimnos"*) für seine Ehepartnerin dem Herrn widmen. Er „sorgt" (*„merimná"*) sich ausschließlich um die Dinge des Herrn. Der Verheiratete ist dagegen „geteilt" (*„meméristai"*) zwischen der Sorge um Gott und der um die Ehepartnerin. Entsprechendes gilt für eine verheiratete Frau.

Paulus selbst lebt als Eheloser und empfiehlt seinen Lebensstand. Die Faszination Jesu hat ihn so gepackt, dass er nichts anderes mehr tut, als für Jesus und das Evangelium zu leben. Er reist durch die Welt. Er setzt all seine Zeit dafür ein. Er geht bis an den Rand seiner Kräfte. Er lässt sich ins Gefängnis werfen und nimmt Missverständnisse und Anfeindungen selbst von seinen Mitstreitern in Kauf. Nichts ist ihm zu viel, wenn er nur dem Ruf folgt, der ihn vor Damaskus „umgehauen" hat, dem Ruf Jesu, nur ihm zu leben und seine Botschaft zu verkünden (Apg 26,16–18). Es ist dieses Fasziniertsein des Paulus, das ihn dazu bringt, auch anderen vorzuschlagen, nichts anderes zu tun, als für Jesus und die Verbreitung seiner Botschaft zu leben. Und es ist seine Erfahrung, dass er sich als Eheloser leichter ungeteilt und unbelastet durch Verpflichtung zur Sorge für eine Familie dem Herrn und der Verwirklichung seiner Botschaft widmen kann. Wer verheiratet ist, kann das so nicht. Er hat ja schließlich Verantwortung für seine Frau und die Familie. Für ihn kann der unmittelbare Einsatz für Gott und die Kirche nicht den gleichen Stellenwert haben wie für einen Unverheirateten. Dabei geht es nicht um eine theologische Wertung der persönlichen Heiligkeit und der Tiefe der Gottesbeziehung, sondern um die geistliche Lebensgestalt. Ich kenne eine Reihe Verheirateter, für die die Spannung zwischen der Lebensaufgabe Familie und der Lebensaufgabe Beruf tatsächlich wie ein inneres Zerrissensein ist. Paulus erlebt, dass seine ungeteilte Lebensform ihm innere und äußere Freiheit im Einsatz für Gott schenkt.

Insofern ein Priester geweiht wird, als „Repräsentant Christi" „in der Kirche und für die Kirche Wort und Wirken Jesu Christi selbst" zu vergegenwärtigen,[111] ist es angemessen, dass die persönliche, vorbehaltlose Freundschaft mit Christus und das besondere Bemühen um eine radikale Christusnachfolge sein Leben in jeder Hinsicht prägen. Die Beziehung zu Jesus Christus soll deshalb Vorrang vor allen anderen Bindungen in Familie und Gesellschaft haben.[112]

Dies wird vom Konzil nicht als bloße Verpflichtung gesehen und kann auch nicht als solche gelebt werden. Bei einer Berufung zum zölibatären Leben handelt es sich vielmehr um einen tiefen persönlichen Lebensimpuls im Sinn eines Charismas. Was damit gemeint ist, wird in einem Gleichnis Jesu deutlich: Der Mann, der eine kostbare Perle entdeckt, lässt alles andere los, weil er mit der Perle alles gefunden hat. Weil er von der einen großen Freude ergriffen ist, handelt er rein menschlich gesehen unvernünftig, unverständlich und töricht.[113] Der Zölibat lässt sich – wie alle evangelischen Räte – nicht in einer rein innerweltlichen Logik verstehen. Er überschreitet sie in der Freude der Ganzhingabe an Gott.

4. „Sich freier dem Dienst an Gott und den Menschen widmen"

Erst mit dem vierten Punkt kommt das Konzil auf den konkreten Dienst zu sprechen. Der Zölibat ermöglicht es, Offenheit des Herzens und Zeit für das Gebet und den Gottesdienst zu haben. Und aus der Offenheit und Ganzhingabe an Gott erwächst in der Nachfolge Jesu die Lebenshingabe „für viele" (Mk 14,24 par.). Dabei geht es im Vollzug von Liturgie und Diakonie jeweils um eine innere und äußere Verfügbarkeit, also um Herz und Zeit für Gott und für die Menschen.

Paulus fasst diese für Zölibatäre anzustrebende Lebenswirklichkeit in die Worte: „Allen bin ich alles geworden." (1 Kor 9,22) Diese Haltung ist verwandt mit der des geistlichen Gehorsams und der geistlichen Armut. Der Zölibat ermöglicht dementsprechend eine größere Verbundenheit mit den Armen durch einen einfachen Lebensstil und eine besondere Solidarität mit Einsamen. Auf den letzten Aspekt wies mich eine Frau hin, die seit vielen Jahren Witwe ist. Sie sagte in einem Gespräch: „Es tut gut, mit jemandem zu sprechen, der es kennt, allein zu leben, und für den die Erfahrung der Einsamkeit nicht fremd ist."

In diesem Sinn formuliert Klaus Demmer: „Die Ehelosigkeit als Lebensform wählt bewusst das Fragment. Das sollte den Ehelosen in die Nähe dieser leisen Form von Armut bringen. [...] Der Platz des Ehelosen ist dort, wo das Leben Fraktur schreibt, wo geschlagene Wunden vielleicht nicht mehr heilen. Es ist – ganz spontan – ein Zeichen der Hoffnung, dass es für jedermann ein Leben in Würde gibt, Zeichen der Solidarität zwischen dem unfreiwillig und dem freiwillig Armen. Jesus Christus in den Leidenden zu begegnen macht einen wesentlichen Zug priesterlicher Ehelosigkeit aus. Nur wer selbst arm ist, bewahrt sich für die Armut ein Gespür, seine Lebenserfahrung bleibt aufgeraut."[114]

> Durch die familiäre Ungebundenheit soll der Priester in der faktischen Lage und in der emotionalen Freiheit sein, sich dem Dienst an Gott und den Menschen in möglichst großem Umfang zur Verfügung zu stellen.

Dabei bringt diese Formulierung zum Ausdruck, dass nicht nur eine zeitliche Verfügbarkeit gemeint ist. Es geht um ein Zur-Verfügung-Stehen mit der ganzen Existenz. Auch ist diese Haltung nicht einfach neutral gedacht. Das würde eine Beliebigkeit des Einsatzes bedeuten. Die Verfügbarkeit ist vielmehr besonders auf Gebet, Gottesdienst und Verkündigung sowie auf den Dienst an den Leidenden und in vielfältiger Weise Armen gerichtet.

5. „Zeichen und Ansporn für die pastorale Liebe"

In seiner Aufzählung nennt das Konzil noch weitere Konvenienzgründe für die Verbindung von Priestertum und Zölibat. Eine Art Zusammenfassung findet sich in der Formulierung, dass die Ehelosigkeit um des Himmelreiches willen ein „Zeichen und Ansporn für die pastorale Liebe" ist (PO 16).[115] Der Zölibat ist nach außen Zeichen der sich ganz zuwendenden und sich selbst verschenkenden Liebe Gottes. Diese Zeichenhaftigkeit und die grundsätzliche zölibatäre Lebenshaltung kann auch nach innen, also für die zölibatär lebenden Priester selbst und natürlich auch für Ordensleute und andere Personen des geweihten Lebens, ihre Kraft entfalten. Dies äußert sich dann wiederum darin, dass die Zölibatären versuchen, die Liebe Gottes durch ihre Zugewandtheit den ihnen anvertrauten Menschen erfahrbar zu machen.

> „‚Der Apostel [...] steht in der ursprünglichen Einheit, die von Jesus herkommt, der selbst das Wort und das Opfer in einem ist. Er hat in ihm sein Modell bis dahin, dass die Deckung von Wort und Opfer, die in Jesus, dem gekreuzigten Logos, gesetzt ist und ihn zum wahren Priester macht, auch *sein* Maßstab bleibt [...] Vielleicht gibt es keine tiefere Begründung für den Zusammenhang von priesterlichem Dienst und Ehelosigkeit als eben diesen Zusammenhang von Logos und Martyria durch die Einbeziehung der eigenen irdischen Existenz in die Liturgie des Wortes' (J. Ratzinger).
>
> Und so wird es für den Priester immer das Wichtigste bleiben, sich mit seinem Leben einzuüben in die Gebärde Jesu: Mein Leben – für euch!"[116]

Die große Liebe

Zur Gestalt zölibatären Lebens

Nach der Darstellung der Geschichte des Zölibats und seiner spirituellen Grundlagen stellt sich die Frage, ob und wie der Zölibat persönlich erfüllend und nach außen hin fruchtbar gelebt werden kann. Schließlich sind Menschen ja in ihrer grundsätzlichen biologischen und psychischen Dynamik auf Liebe und eheliche Partnerschaft ausgerichtet. Dabei stellt sich diese Frage im Hinblick auf Bischöfe, Priester und alle, die als Ordenschristen oder in anderen Formen gottgeweihten Lebens eine zölibatäre Lebensweise gewählt haben. Also: Kann der Zölibat überhaupt ohne Heuchelei gelebt werden? Ist er nicht sogar gefährlich, weil er zu sexuellem Missbrauch Schutzbefohlener führt?

Beginnen wir mit der zweiten Frage. Eine entsprechende Studie von Fachleuten der forensischen Psychiatrie und Psychotherapie kam diesbezüglich zu dem folgenden Ergebnis: „Sexuelle Missbrauchshandlungen an Minderjährigen werden auch innerhalb der katholischen Kirche aus Beweggründen begangen, die sich überwiegend dem normalpsychologischen Bereich zuordnen lassen und nicht einer krankhaften oder gestörten Psychopathologie entspringen. Man mag dem Zölibat kritisch gegenüberstehen, aber eine Koppelung der Debatten um sexuellem Missbrauch durch Geistliche und dem Zölibat entbehrt jeglicher wissenschaftlichen Grundlage." Es liegen „keine empirischen Befunde vor, die belegen könnten, dass ein gewollter oder ungewollter Verzicht auf Sexualität und/ oder Partnerschaft das Risiko für Sexualdelikte erhöht"[117]. Positiv beschreibt der amerikanische Psychotherapeut A. W. Richard Sipe in einer ausführlichen Studie die Tatsache, dass bei zahlreichen Menschen in einem großen Maß zölibatäres Leben gelingt.[118] Entscheidender aber scheint mir das Zeugnis der vielen zölibatär lebenden Personen zu sein, die mit ihrem ganzen Leben bei oft hoher Anerkennung andere ihre persönliche Erfüllung und die äußere Fruchtbarkeit der Ehelosigkeit um des Himmelreiches willen erfahren lassen.

Wie wird das möglich? Es geht beim Zölibat auch um Liebe – und zwar um die große freudige Liebe einer sich an Gott und die Menschen verschenkenden Hingabe. Es geht um eine Liebe, die aufs Ganze geht und die persönliche Existenz in einem freien, spontanen und gleichzeitig immer neu zu erringenden Akt an Gott übergibt und konkret in den Dienst der Kirche stellt. Drei Aspekte sind daher für die Gestaltung und das Gelingen zölibatären Lebens besonders wichtig.[119]

1. Die Beziehung zu Gott

Die Mitte zölibatären Lebens ist die existenziell gelebte Gottesbeziehung in Gebet und Alltag. Der Zölibatäre erreicht die Reife und Integrität seiner Person nicht so sehr durch die Begegnung mit dem anderen Geschlecht, sondern als eine Frucht *der* Liebe, mit der er sich ganz Gott überlässt – mit Leib und Seele, Herz, Geist und Leben. Der Verzicht auf die Ehe hat nur Sinn und ist nur möglich als eine extreme Form der Liebe – und nicht als möglicherweise sogar narzisstischer Verzicht auf liebendes Sich-Verschenken. Zölibatäres Leben kann also nicht bedeuten, ohne Liebe zu leben, sondern heißt, in einer spezifischen Form der Liebe zu leben. Der Entschluss zur Ehelosigkeit ist darum ein Zeugnis für die Liebe zu Gott. Der Zölibat hat sein Fundament darin, dass Menschen die Begegnung mit Gott so erfahren, dass er ihnen eine Radikalität auf sich hin ermöglicht.

In dieser spezifischen Hinwendung zu Gott geht es also um ein Sich-Gott-Übereignen mit der ganzen persönlichen Existenz. Menschen können von der Wirklichkeit Gottes und seines Reiches so ergriffen werden, dass alles andere für sie zweitrangig wird. Sie möchten sich für das Reich Gottes so vollständig einsetzen und so sehr für seinen Dienst unmittelbar verfügbar sein, dass sie den anderen vollen Einsatz, den Ehe und Familie verlangen, nicht aufbringen können.

Diese Dynamik reift vor allem in der Durchdringung einer recht verstandenen und gelebten Einsamkeit auf ihren positiven Kern hin, nämlich der unableitbaren Gottesbeziehung jedes Menschen als transzendentalem Existenzial. Diesbezüglich fordert und fördert der Zölibat eine wirkliche tiefe persönliche Annahme und Durchdringung der existenziellen Einsamkeit des Menschen. Nur dadurch kann er gelingen – wie natürlich letztlich auch eine Ehe nur wirklich gelingen kann, wenn beide Partner diese letzte persönliche Einsamkeit des Menschen wirklich angenommen haben und für sie nicht einen Ersatz im Partner suchen. Für den Zölibatären gilt:

**Wenn die sexuelle Enthaltsamkeit keine Flucht
vor den Nöten und Verantwortungen des Lebens
und des Schicksals ausdrückt,
dann ist sie keinesfalls schädlich.
Sie muss aber frei ausgewählt sein
und auf religiösen Überzeugungen beruhen:
alle anderen Motivationen sind zu schwach
und verursachen Mangel an innerlicher Einheit,
und dadurch die Neurose,
welche immer einen moralischen Konflikt austrägt.**[120]

Die religiöse Dimension ist für den Zölibatären also entscheidend. Nur wenn das „um des Himmelreiches willen" die Mitte seines Lebens und seiner Ehelosigkeit bildet und durch alle Herausforderungen des Lebens immer mehr wird, kann der Zölibat erfüllt gelebt werden. Die wichtigste Voraussetzung dafür ist die tägliche Pflege einer persönlichen Gottesbeziehung

- durch Gebet, Hören auf die Heilige Schrift und Leben aus den Sakramenten,

- durch ein im Alltag konkret verwirklichtes Leben aus dem Beschenktwerden durch die Gnade Gottes sowie
- durch eine gelebte Hingabe an Gott, die sich darin äußert, dass einer möglichst wenig ichbezogen „will", sondern vielmehr möglichst alles existenziell Gott anvertraut und überlässt.

Dies äußert und vertieft sich in der Spiritualität einer geistlichen Einfachheit und Armut in der Haltung des Sichbeschenken-Lassens und der Freiheit der „Besitz-Losigkeit". Dazu kommt das stete Bemühen um Gehorsam als Hörbereitschaft und Hörfähigkeit mit der ganzen eigenen Existenz – dem Bischof und der Gemeinde gegenüber. Kardinal Kurt Koch schreibt dazu: „Wird dieser unlösbare Zusammenhang ausgeblendet, kann das Problem entstehen, dass ein Mensch mit der Ehelosigkeit zwar das Zeichen Abrahams an sich trägt, ansonsten aber doch bei den Fleischtöpfen Ägyptens sitzt. Insofern ist der Verlust der Zeichenbedeutung des Zölibates nicht nur den Augen der heutigen Menschen anzulasten, sondern wird möglicherweise mehr von den zölibatären Amtsträgern selbst verschuldet, als sie oft zu ahnen scheinen."[121]

Das beschriebene Leben aus der Einheit der evangelischen Räte kann nur fruchtbar sein, wenn es jeden Tag neu im Gespräch mit Gott und in der persönlichen Auseinandersetzung errungen wird. So, aber auch nur so, gelangt der Zölibatäre zu immer tieferer Reife. Dann kann das existenzielle Alleinsein ein wirkliches in Freiheit gelebtes Leersein für Gott werden – im Sinn des bereits erwähnten mittelalterlichen „vacare Deo". Dann kann aus einer vorbehaltlosen Freundschaft mit Christus eine immer existenziellere Christusnachfolge wachsen. Dann kann die Beziehung zu Gott in Jesus Christus eine solche Qualität bekommen, dass sie einen echten Vorrang vor allen anderen Bindungen in Familie und Gesellschaft hat, weil die grundlegende Erfahrung der Geborgenheit in ihm alles andere überstrahlt – auch und sogar gerade da, wo sich kein spürbares Erleben einer Nähe Gottes einstellt. Dann kann jemand sagen:

Ich glaube, dass Gott es mir gewährt,
die Angst des Alleinseins beruhigen zu können
mit der Erfahrung der Geborgenheit in Ihm.
Johannes Bours[122]

2. Die Beziehung zu Menschen[123]

Dieser Reichtum zölibatären Lebens entfaltet sich umso mehr, je mehr einer in einer Vielfalt von guten und/oder herausfordernden Beziehungen mit Menschen lebt. Wer Christus gehören will, muss vom Evangelium her natürlich auch den Menschen gehören. Dabei steht für Ordenschristen die Gemeinschaft, in der sie leben, an erster Stelle. Für den Priester sind es die seelsorglichen Beziehungen. Wer Menschen in existenziellen Situationen von Verwundung, Schuld, Leid oder Tod begleitet, wer mit ihnen den Weg neuen Lebens in Taufe, Trauung und Versöhnung geht, ihren Alltag teilt und sich jeweils selbst davon betreffen lässt, der erfährt, welche Freude und Kraft aus solch gelebter Hingabe an Gott und die Menschen entstehen.

Darüber hinaus ist auch für den Diözesanpriester die Verankerung in einer festen Gemeinschaft von großer Bedeutung. Dies können Formen von Wohngemeinschaften sein oder auch eine spirituelle Gruppe, mit der es regelmäßige Treffen gibt. Eine gute Verankerung im Presbyterium, der Gemeinschaft der Priester eines Bistums, über den eigenen Jahrgang, das Dekanat oder andere Treffen ist ein nicht zu unterschätzendes Fundament, das allerdings aufgrund seiner zu geringen Intensität in der Regel ohne andere Gemeinschaftsformen nicht ausreichend ist. Ein vielfältiges Gefüge von familiären und mehr oder weniger intensiven freundschaftlichen Beziehungen kann außerdem hilfreich sein und ist besonders da wichtig, wo andere Stützen, wie Wohngemeinschaft oder spirituelle Gruppe, fehlen. Henri Nouwen spricht von der

Notwendigkeit einer „Hierarchie von Beziehungen" im Sinn einer geordneten Vielfalt verschiedenartiger menschlicher Kontakte,[124] denn:

> **Die Ehelosigkeit kann [...] nur gelebt werden, wenn jemand in guten menschlichen Beziehungen steht.**[125]

3. Kenntnis und Annahme der eigenen Sexualität

Die Verwirklichung der genannten Punkte setzt die Kenntnis und die Annahme der eigenen Sexualität voraus. Beides ist die Basis für eine persönliche Gestaltung des zölibatären Lebens. Es ist für jede Person wichtig, sich selbst zu kennen und um die persönlichen Akzente und Stärken, aber auch um die Schwächen und Versuchungen der eigenen Sexualität zu wissen. Aufgrund des besonderen Wagnisses, das die bzw. der Zölibatäre eingeht, gilt dies für sie und ihn erst recht.

Nur in Kenntnis der eigenen Sexualität mit ihren Sehnsüchten und Wünschen werden weder die Gottesbeziehung noch die menschlichen Kontakte auf falsche Weise spiritualisiert oder verdrängt. Im Fall einer falschen Spiritualisierung kann es geschehen, dass sowohl die Gottesbeziehung als auch menschliche Beziehungen infantil aufgeladen werden. Dann werden Gott und Menschen zu bloßen Projektionsflächen eigener Sehnsüchte. Aber auch umgekehrt, wenn die eigene Sexualität nicht spiritualisiert, sondern verdrängt wird, kann sie im Hinblick auf die Gottesbeziehung und auf die Kontakte zu Menschen nicht fruchtbar werden. Eine auf diese Weise nicht integrierte Sexualität bleibt vom Rest des Lebens abgespalten. Dies kann schnell dazu führen, dass sich die verleugnete Urkraft der Sexualität Wege sucht, die mit einem zölibatären Leben nicht vereinbar sind.

Die Sexualität als eine wesentliche Dimension der menschlichen Person kann, wenn sie integriert ist, gerade auch als zölibatär gelebte eine große positive Kraft der Liebe zu Gott und den Menschen entfalten. Und umgekehrt sind für eine integriert gelebte zölibatäre Sexualität eine tiefe Gottesbeziehung und gute menschliche Beziehungen wichtige Voraussetzungen.

Zum Nach-Denken

Bibelstelle zum Rat der Ehelosigkeit:

Was die Frage der Ehelosigkeit angeht, habe ich kein Gebot vom Herrn. Ich gebe euch einen Rat als einer, den der Herr durch sein Erbarmen vertrauenswürdig gemacht hat.
Ich meine, es ist gut wegen der gegenwärtigen Not; es ist gut für den Menschen, so zu sein.
Bist du an eine Frau gebunden, suche dich nicht zu lösen; bist du ohne Frau, dann suche keine.
Heiratest du aber, so sündigst du nicht; und heiratet eine Jungfrau, sündigt auch sie nicht.
Freilich werden solche Leute irdische Bedrängnis haben; ich aber möchte sie euch ersparen.
Denn ich sage euch, Brüder: Die Zeit ist kurz.
Daher soll, wer eine Frau hat, sich in Zukunft so verhalten, als habe er keine,
wer weint, als weine er nicht,
wer sich freut, als freue er sich nicht,
wer kauft, als würde er nicht Eigentümer,
wer sich die Welt zunutze macht, als nutze er sie nicht;
denn die Gestalt dieser Welt vergeht.
Ich wünschte aber, ihr wäret ohne Sorgen.
Der Unverheiratete sorgt sich um die Sache des Herrn; er will dem Herrn gefallen.

Der Verheiratete sorgt sich um die Dinge der Welt; er will seiner Frau gefallen.

So ist er geteilt.

Die unverheiratete Frau aber und die Jungfrau sorgen sich um die Sache des Herrn, um heilig zu sein an Leib und Geist.

Die Verheiratete sorgt sich um die Dinge der Welt; sie will ihrem Mann gefallen.

Dies sage ich zu eurem Nutzen: nicht um euch eine Fessel anzulegen, vielmehr, damit ihr euch in rechter Weise und ungestört immer an den Herrn haltet.

1 Kor 7,25–35[126]

- Was möchte Gott der Kirche und mir persönlich durch diese Worte sagen?

Zur persönlichen Reflexion:

- Was sind für mich wichtige Gedanken und Fragen zum Zölibat?
- Warum möchte ich zölibatär leben?
  Oder warum nicht?
- Das Weiheversprechen lautet:
  „Bist du bereit,
  zum Zeichen deiner Hingabe an Christus, den Herrn,
  um des Himmelreiches willen ehelos zu leben
  und für immer deinem Vorsatz treu zu bleiben,
  in dieser Lebensform Gott und den Menschen zu dienen?"
  Wie stehe ich dazu?
- Was heißt für mich „um des Himmelreiches willen"?
- Ich formuliere ein persönliches Gebet der Hingabe, mit dem ich versuche, auf meine Weise eine Antwort der Liebe auf Gottes Liebe in Worte zu fassen.

Anregungen für ein Gebet im Blick auf die eigene Sexualität:

1. Vor Gott kommen
und ihn um das bitten, was ich mir von diesem Gebet erhoffe.
2. Gott das Erleben der eigenen Sexualität erzählen.
3. Gott mit hineinnehmen in *eine* bestimmte Erinnerung oder in
ein bestimmtes Gefühl.
Mit Gott dabei verweilen und mit ihm darüber sprechen.
4. Gott mit hineinnehmen in eine andere Erinnerung oder ein anderes Gefühl.
Auch dabei mit Gott verweilen und mit ihm darüber sprechen.
5. Prostratio: Sich vor Gott mit dem ganzen Leib ausstrecken.
6. Psalm 139 beten.
7. Abschließendes Gespräch mit Gott

Wir werden niemals ganz wirklich sein,
solange wir nicht zugelassen haben, uns zu verlieben –
entweder mit einer anderen menschlichen Person
oder mit Gott.
    Thomas Merton[127]

Es ist das vornehmste Privileg des zölibatär lebenden Menschen,
seiner intimen Beziehung zu Gott den wichtigsten Platz einräumen zu dürfen und zu können.
Er und sie dürfen ganz klar und selbstverständlich zu dieser Beziehung als ihrer ersten Liebe stehen und dafür die Zeit, die Anstrengungen, das an Fantasie und Kreativität in diese Beziehung
stecken, was erforderlich ist, um in Wahrheit von einer intimen
Beziehung sprechen zu können. Er und sie dürfen dafür die Zeit
verwenden, die der Verheiratete für seine große Liebe verwendet.
Dafür bedarf es viel Zeit und immer wieder neu Zeit.
    Wunibald Müller[128]

Für die Aufrechterhaltung des zölibatären Entwicklungsprozesses ist unbedingt das Gebet notwendig. Die Vernachlässigung des Gebetslebens hat so gut wie sicher das Scheitern der Integration des Zölibats zur Folge.

A. W. Richard Sipe[129]

Liebende Ehelosigkeit ist die Haltung ungeteilter Liebe, die es wagt, dem Fernsten im Nächsten zu dienen und in der Gegenwart der verheißenen Zukunft.[130]

Christliche Ehe und Zölibat

Die wechselseitige Bezogenheit von Ehe und Zölibat in der christlichen Spiritualität

Ehe und Ehelosigkeit sind attraktive Lebensformen. Der weit überwiegende Teil der mitteleuropäischen Bevölkerung wählt etwa um das 30. Lebensjahr herum die Ehe als Lebensform. Zugleich ist auch die Ehelosigkeit in der Gesellschaft stark im Aufwind. Die Zahl der Single-Haushalte steigt stetig. Anders im *kirchlichen* Bereich. Da sinkt die Zahl derer, die als Ordensleute, zölibatäre Priester oder gottgeweihte Jungfrauen leben, beständig. Und die Zahl derer, die nicht nur eine katholische Eheschließungsform wählen, sondern explizit eine Ehe aus der Kraft des Glaubens führen möchten, ist ziemlich gering. Ehe und Ehelosigkeit mit dem Attribut „christlich" vorweg stehen auf der roten Liste der vom Aussterben bedrohten Lebensformen – wie viele andere Elemente christlichen Lebens auch.

Dieser Befund ist kein Grund zur Resignation. Im Gegenteil. Wenn christliche Ehe und christliche Ehelosigkeit an Attraktivität verlieren, dann kann das meines Erachtens nur ein heilsamer Stachel sein, sich selbst auf die Werte des eigenen Glaubens zu besinnen und sie ausdrücklicher zu leben.

Da können wir es den Christen der ersten Jahrhunderte nachtun. Denn sowohl die Bedeutung von christlich gelebter Ehe als auch die weite Verbreitung von christlicher Ehelosigkeit von Frauen und Männern sind für die Entwicklung des Christentums im 2., 3. und 4. Jahrhundert von eminenter Bedeutung. Für heidnische römische Frauen hatte die Treue eines christlichen Ehemannes eine große Faszination im Hinblick auf die ethisch als selbstverständlich angesehene Freiheit eines römischen Mannes, mit anderen Frauen, besonders den Sklavinnen, zu verkehren. Dies und die lebenslange Ehelosigkeit christlicher Frauen und Männer galt für Christen wie Nichtchristen als Erweis der Wirksamkeit des christlichen Glaubens.[131]

Ob eine aus christlicher Überzeugung heraus gestaltete Ehe und eine aus der Tiefe des Glaubens gelebte Ehelosigkeit nicht wichtige Fundamente für eine Erneuerung des Glaubens in Europa sein könnten – ähnlich wie damals in der Antike?

Schauen wir zunächst auf das Ehesakrament.

Zur geistlichen Bedeutung der christlichen Ehe

1. Leben, wie Gott den Menschen geschaffen hat

Die gegenseitige Anziehung von Mann und Frau als einer menschlichen Grundbewegung wird in der Bibel bereits im zweiten Kapitel der Genesis angesprochen (2,24): „[...] der Mann verlässt Vater und Mutter und bindet sich an seine Frau, und sie werden *ein* Fleisch". Das Buch Genesis weist auf die Tatsache hin, dass Mann und Frau füreinander geschaffen sind. Sie ergänzen sich gegenseitig. Das wird am deutlichsten in der Ergänzung der Körper beim Geschlechtsverkehr, geht aber weit darüber hinaus. Die in der Regel größere sexuelle Impulsivität des Mannes ergänzt die größere Empfänglichkeit der Frau. Die in der Regel größere Empfindsamkeit der Frau ergänzt die größere Distanziertheit des Mannes. Rationalität und Emotionalität, Distanz und Nähe, Zielgerichtetheit und Spontaneität, Aggressivität und Befriedung, Stärke und Zartheit – das alles sind Gegensätze, die nur miteinander existieren können und von denen durch die Anlage in der Regel die einen mehr den Männern und die anderen mehr den Frauen mitgegeben sind. Dabei ergänzen sich schon im einzelnen Menschen das Männliche und das Weibliche. Wie schrecklich wäre es, wenn ein Mann nur Mann wäre und keine weiblichen Züge hätte! Und für Frauen gilt das entsprechend.

Mann und Frau ergänzen sich also gegenseitig und sind füreinander geschaffen. Ihnen wohnt die Tendenz inne, aufeinander zuzugehen, miteinander zu leben und in seelischer und leiblicher Vereinigung eine Einheit zu werden. Dies wird von den ersten Zeilen des Alten Testaments bis zum Zweiten Vatikanischen Konzil und den entsprechenden päpstlichen Enzykliken als eine dem Menschen von Gott gegebene Aufgabe gesehen. Diese Aufgabe des Schöpfers gestalten die Partner in der Ehe.

2. Im Partner Gott begegnen

Eine christliche Ehe geht im Sinn der katholischen und orthodoxen Tradition über diese erste wesentliche Aufgabe durch den Schöpfer hinaus. Im Sakrament der Ehe wird der Partner zum primären Ort der Begegnung mit Gott. Wie „Gott einst durch den Bund der Liebe und Treue seinem Volk entgegenkam, so begegnet nun der Erlöser der Menschen und der Bräutigam der Kirche durch das Sakrament der Ehe den christlichen Gatten"[132]. In diesem Verständnis ist Ehe ein Leben als Begegnung mit Gott durch den Partner.

3. Sakrament der Liebe Christi zur Kirche

Das Sakrament der Ehe ist ein Zeichen für den Bund zwischen Christus und der Kirche. Das heißt: Das Ehesakrament „gibt den Gatten die Gnade, einander mit der Liebe zu lieben, mit der Christus die Kirche liebt".[133] Dieser Glaube ist im fünften Kapitel des Epheserbriefs grundgelegt (VV. 21–33): „Einer ordne sich dem anderen unter in der gemeinsamen Ehrfurcht vor Christus: Ihr Frauen euren Männern wie dem Herrn [...] Ihr Männer, liebt eure Frauen, wie Christus die Kirche geliebt und sich für sie hingegeben hat." Es geht in der Ehe also nicht nur „um die lebenslange Anziehung zweier Menschen zueinander, sondern um den Ruf an beide, gemeinsam Gottes Liebe zu bezeugen".

Dazu gehört wesentlich die Treue. Treue bedeutet Zusammenbleiben in guten und bösen Tagen, Reifen in der Liebe, auch und gerade auf den Wegen, die das Leben erzwingt, in den unvermuteten Windungen einer persönlichen Entwicklung, in einer charakterlichen Veränderung. Diese Treue der Eheleute zueinander ist die Treue Christi zu seiner Kirche in all deren Windungen und Schwächen. Die Bestätigung des anderen in dem unwiderruflichen Ja, das den anderen annimmt, wiederholt das große Ja Gottes, das in Jesus Christus über unser Leben gesprochen ist (vgl. 2 Kor 1,19f.).

4. „Vorgeschmack des himmlischen Hochzeitsmahles"

Dieser Gedanke mag zunächst sehr fremd klingen, aber er bringt eine tiefe Wahrheit zum Ausdruck, die eine positive spirituelle Sicht der Sexualität einschließt: Die Eheleute leben schon jetzt anfanghaft das, was einst in der Vollendung vollkommen ist. „In den Freuden ihrer Liebe und ihres Familienlebens gibt er [Gott] ihnen schon hier einen Vorgeschmack des

Hochzeitsmahles des Lammes", schreibt der Katechismus der katholischen Kirche.[134] Diese Einsicht ist grundgelegt in den Bildern Jesu vom himmlischen Hochzeitsmahl. Dennoch hat die Kirche 2000 Jahre gebraucht, um dies in solcher Klarheit zu formulieren.

Nachdem wir auf diese Weise versucht haben, die geistliche Dimension ehelichen Lebens zu erfassen, wenden wir uns jetzt dem zölibatären Leben zu.

Zur geistlichen Bedeutung des Zölibats

1. Leben, wie Jesus gelebt hat

Wie bereits ausgeführt, hat der Gedanke einer unmittelbaren Nachfolge Jesu schon die Apostel, den heiligen Franziskus von Assisi und viele andere Heilige bewegt, ihren ursprünglichen Lebensstand zu verlassen und ohne Frau und Familie zu leben: alles aufgeben, um Jesu und des Reiches Gottes willen. Ehelos leben, wie Jesus gelebt hat, bedeutet, der Selbstentäußerung Christi in der sexuellen Enthaltsamkeit nachzufolgen und zu einem umfassenden Leben dieser Selbstentäußerung in der Lage zu sein, weil keine Bindung an Ehepartner und Familie verpflichtet.

2. Geborgenheit bei Gott

Dazu gehört es, in einer persönlichen, ja man könnte sagen „intimen" Weise mit Gott verbunden zu sein und für diese Beziehung im Gebet viel Zeit zu „verschwenden". Das bedeutet aber auch, dass eine starke Verzweckung und Verplanung des Lebens, und sei es durch eine „besinnungs-lose" Aktivität im klösterlichen oder pastoralen Dienst, die zölibatäre Lebensform von innen her aushöhlen würde. Der Zölibatäre „kann durch Rastlosigkeit schuldig werden"[135].

3. Leben für die Kirche – „unbeschwert durch familiäre Fürsorge" (1 Kor 7,32)

Der ganzheitliche Lebenseinsatz für Christus und die Kirche hat Vorrang vor allen anderen Bindungen in Familie und Gesellschaft. Dieses Leben für die Kirche verwirklicht sich vor allem im Hinblick auf eine konkrete kirchliche Gemeinschaft, z. B. eine Pfarrei oder eine geistliche Gemeinschaft.

4. Leben der Sehnsucht nach Vollendung der Welt

Hier geht es um den Lebensimpuls, dass es mehr gibt, als unser Leben ausmacht. Der Zölibatäre lebt deshalb auch seine Beziehungen und seine Sexualität mit einem konkreten und alltäglichen Blick auf die Ewigkeit. Weil eine solche Sehnsucht in ihm lebt, will er die vorläufigen irdischen Erfüllungen des Glücks nicht bis zum Letzten auskosten. So ist der Zölibat Zeichen des neuen Lebens und erinnert daran, dass die Ehe zu *diesem* Leben gehört (s. Mk 12,25 par.). Auf diese Weise macht der Zölibat deutlich, dass aus der Sicht des Evangeliums das Ende der Welt eine Revolution bedeutet und nicht einfach der harmlose Übergang von einem Stadium in ein anderes ist.

Christliche Ehe und christliche Ehelosigkeit als je eigenes Charisma

Die Betrachtung der geistlichen „Früchte" von Ehesakrament und Zölibat zeigt, dass das Sakrament der Ehe und die Ehelosigkeit um des Himmelreiches willen in der Kirche unterschiedliche Akzente christlicher Spiritualität zum Ausdruck bringen, die gegenseitig unverzichtbar sind. Auch die deutlichen Worte des Apostels Paulus in dem schon genannten siebten Kapitel des Korintherbriefs werten die Ehe nicht ab. Er ist von seiner Lebensform überzeugt, doch sagt er auch ausdrücklich: Jeder hat sein eigenes Charisma, seine eigene Gabe von Gott, der eine so, der andere so (V. 7). Und entscheidend ist, dass jeder das lebt, wozu Gott ihn berufen hat (V. 17). Ehe und Ehelosigkeit sind für Paulus ein Charisma. Das Zweite Vatikanische Konzil greift diesen Gedanken ausdrücklich auf (LG 11). Jede Gabe Gottes hat ihren eigenen Wert, die Ehelosigkeit ihren und die Ehe einen anderen. Nach Thomas von Aquin dient die Verschiedenheit der christlichen Lebensstände dem Reichtum der Kirche, und die unter ihnen herrschende „wechselseitige Unterstützung" („*mutua subministratio*") ist Ausdruck ihrer gelebten Einheit.[136]

Eheleute leben eine Weise der Gottesbegegnung, die der Ehelose nicht lebt. Sie begegnen Gott nicht nur unabhängig voneinander auf verschiedenen Wegen, sondern sie sind durch das Sakrament der Ehe füreinander der Ort geworden, an dem sie Gottes Liebe erfahren. In ihrer gegenseitigen Verlässlichkeit erleben Eheleute die Verlässlichkeit Gottes. In ihrem Ja zueinander wiederholt sich das große Ja, das Gott durch Jesus Christus zu unserem Leben gesagt hat (2 Kor 1,19–20). Vom Glauben her gesehen ist die christliche Ehe eine grundlegende Erscheinungsform der Liebe Gottes zu uns. Und im Unterschied zur christlichen Ehelosigkeit ist die christliche Ehe Sakrament. Im Leben der Ehe geht es darum, Herz und Zeit zu haben für Perspektiven, Lebenshaltungen, Beziehungen und Handlungen, für die einer, der im Zölibat lebt, Herz und Zeit in dieser Weise nicht aufbringt, und zwar weder aufbringen kann noch soll: Frau, Familie, Nachbarschaft, Arbeitswelt, Politik.

Die Eheleute weisen die Zölibatären auf die Greifbarkeit und Konkretheit der Liebe hin, die diese so nicht leben. Verwandte und befreundete Eheleute, bei denen ich Ehe und Familie aus der Nähe erlebe, sind für mich ein Ansporn, nicht in eine bequeme Single-Existenz abzugleiten, sondern die Konkretheit der Liebe auf meine Weise im Alltag zu leben.

Umgekehrt enthält auch das Leben des „um des Himmelreiches willen" Ehelosen seine Botschaft an die Eheleute. Wie verheiratete Christen die Konkretheit der Liebe Gottes bezeugen, so ist die Ehelosigkeit ein Zeugnis des Vorrangs Gottes vor allem anderen.[137] Der um Gottes willen Ehelose weist durch seine Lebensform die Verheirateten darauf hin, dass es auch bei ihnen darum geht, Gott den Vorrang einzuräumen und sich vor allem darum zu sorgen, „dem Herrn zu gefallen" – wie Paulus es sagt (1 Kor 7,32). Es geht auch in der Ehe um die Offenheit für Gott, der allein unsere Sehnsucht nach grenzenloser Liebe stillen kann. Diese Gedanken nähren sich vom christlichen Glauben. Doch sie entsprechen auch ziemlich genau den psychologischen Erfordernissen zum Gelingen einer Ehe. Wenn der Einzelne sein letztes Glück nicht ausschließlich im anderen Partner sucht, sondern schon bei Gott gefunden hat, dann entlastet das die Beziehung in der Ehe und hilft, den Partner zu tragen.

An dieser Stelle auch ein Wort zu den Ehelosen, die kein Zölibatsversprechen oder Enthaltsamkeitsgelübde abgelegt haben und nicht dem Stand der gottgeweihten Jungfrauen angehören. Auch sie können Zeugnis davon geben, dass Menschen durch ihre personale Beziehung zu Gott und durch das Leben in der Gemeinschaft von Christen menschliche Erfüllung finden. Solche Ehelose können etwa im pastoralen Dienst viele Menschen, die ebenfalls nicht in einer Ehe leben, ermutigen, ihre Lebensweise nicht nur als Verlust und Mangel zu begreifen. Sie können vorleben, dass es möglich ist, eine solche Lebensform anzunehmen und fruchtbar werden zu lassen.

So sind christliche Ehe und christliche Ehelosigkeit vom Glauben her gesehen wie die zwei Brennpunkte einer Ellipse, der Ellipse, die das Reich Gottes ist. Verkürzt gesagt: Die Ehe ist der Brennpunkt, durch den das Reich Gottes schon *in* der Welt gegenwärtig ist; die Ehelosigkeit dagegen ist der Brennpunkt, der den Vorrang Gottes vor allem allzu billig Weltlichen lebt.

Beide, die christliche Ehe und die christliche Ehelosigkeit, haben für den, der sie als Glück erfährt, ihre Faszination. Die gemeinsame Aufgabe aus dem Glauben lebender Eheleute und Eheloser aber ist es, durch ihr begeistertes und konsequentes Leben ihrer jeweiligen Lebensform untereinander und erst recht denen, die nicht an Gott glauben, ein Zeugnis der Liebe Gottes zu geben, der konkreten Liebe Gottes, die ganzen Einsatz lohnt.

**Die Jungfräulichkeit und die Ehe
sind verschiedene Formen zu lieben.**
Papst Franziskus[138]

Zum Nach-Denken

Zur persönlichen Reflexion:

Für Frauen und Männer, die das Sakrament der Ehe leben:
- „Männer und Frauen erwarten voneinander und beieinander (permanentes) persönliches Wachstum, sie erwarten voneinander den *Himmel auf Erden*, wollen ständig *fühlen*, dass sie einander lieben und beieinander glücklich sind."[139]
  Was erwarte ich von meinem Partner?

- Welche Bedeutung hat in meiner Ehe die Ergänzung durch den Partner?
- Eine „Betrachtung" des Partners
  In welchen Zügen meines Partners leuchtet mir etwas von Gottes Wesen auf?
- Was bedeutet für mich der Auftrag, meinen Partner zu lieben, wie Christus die Kirche liebt?
- Wie erfahre ich Ehe und Familie als „Vorgeschmack des himmlischen Hochzeitsmahles"?
- Welche Bedeutung hat für mich die Nachfolge der Selbstentäußerung Christi?
- Wie gebe ich Zeugnis von meiner Lebensform?

Für Frauen und Männer, die „um des Himmelreiches willen" ehelos leben:
- Wie (er-)lebe ich Begeisterung für Gott und Geborgenheit bei Gott?
- Was bedeutet für mich der Auftrag, die Kirche zu lieben, wie Christus die Kirche liebt?
- Wie (er-)lebe ich meine Ehelosigkeit als eine das Hier und Jetzt relativierende Sehnsucht nach Vollendung der Welt?
- Welche Bedeutung hat für mich die Nachfolge der Selbstentäußerung Christi?
- Welche Bedeutung hat die Ergänzung durch Frauen bzw. Männer in meinem Leben?
- Wie gebe ich Zeugnis von meiner Lebensform?

Wenn sich die Liebe Christi nicht unseres ganzen Wesens bemächtigt,
wenn wir uns nicht von seiner Liebe durchglühen lassen,
können wir nicht hoffen,
dass sich uns die Fülle der christlichen Ehe
oder des christlichen Zölibats schenkt.
Roger Schutz (Quelle unbekannt)

Der eine wird sich ganz einem anderen Menschen zuwenden,
um so als Liebender im Sakrament der Ehe das Geheimnis der
Beziehung zwischen Gott und Mensch anschaulich zu machen.
Der andere wird als Liebender auf die Ehe verzichten,
um so in Ehelosigkeit das Geheimnis der Beziehung zwischen
Gott und Mensch anschaulich zu machen.
Beides ist nur etwas für Liebende,
für die das Du-Verhältnis zu Gott und zu den Menschen
wie zwei Seiten derselben Münze sind.
Werner Thissen[140]

Zur Vertiefung

Die Bedeutung der Einsamkeit

Innere Einsamkeit ist ein zentrales Thema menschlichen Lebens. Nur wer sich diesem Thema stellt, kann als Zölibatärer, aber auch als Single oder als in der Ehe Lebender die mit der Einsamkeit verbundenen Herausforderungen bestehen.[141] Auf jeden Fall sind das äußere Alleinsein und die innere Einsamkeit oft eine Herausforderung für die, die um des Himmelreiches willen ehelos leben.

Unser Alltag: in Gemeinschaft und doch einsam

Aber beginnen wir mit einem Blick auf die Alltagssituation vieler Menschen. Ein Kennzeichen unseres Alltags ist das Erleben, dass wir ständig mit anderen zusammen und doch innerlich oft einsam sind. Wir leben ständig in Gemeinschaft, ja viele fühlen sich belastet von den Erfordernissen der Gemeinschaften und Beziehungen, in denen sie leben. Wir leben den ganzen Tag in Beziehungen und Kommunikation – ständig in Gemeinschaft. Doch gleichzeitig fühlen sich viele einsam. Das hat viele Gründe. Zum Beispiel verhindert die Fülle der Kommunikation manches Mal, wirklich Zeit füreinander zu haben. Wir leben in einer Gesellschaft, in der die zunehmende Vereinsamung als allgemeines Phänomen gilt.

Vereinsamung in der Gesellschaft

Denn nur auf den ersten oberflächlichen Blick ist unsere Gesellschaft eine Gesellschaft der Kommunikation. Bei einem zweiten tieferen Blick kann man allenthalben die zunehmende Vereinsamung wahrnehmen. Da ist etwa die Zunahme von Singles zu nennen: Frauen und Männer, die keine länger haltende Beziehung finden oder finden wollen.

Auch der Priestersingle ist eine neue Erscheinung. Noch bis vor zwei Jahrzehnten gab es kaum einen Priester, der allein lebte. Oft lebten mehrere Priester in einem Pfarrhaus oder wenigstens in einer Pfarrei nahe zusammen, mindestens wohnte eine Haushälterin mit im Pfarrhaus. Bis in die 60er-Jahre des vergangenen Jahrhunderts hinein gab es deutlich mehr und zahlenmäßig größere Wohn- und Lebensgemeinschaften von Priestern als heute. So gab es oft in einer Pfarrei einen Pfarrer mit mehreren Kaplänen, die vergleichsweise viel Gemeinschaft pflegten. Zunächst war es die Verkleinerung und Vervielfachung der Pfarreien, dann die abnehmende Zahl der Priester, die solchen Seelsorge- und Lebensteams ein Ende bereiteten.

Die Vereinsamung greift aber auch in privatere und tiefere Bereiche ein. Verwandtschaftliche Beziehungen, erst recht im Rahmen der Großfamilie, haben viel weniger Tragfähigkeit als noch vor 20 oder 30 Jahren. Vermutlich war es bis in die Nachkriegszeit hinein auch leichter, Freundschaften zu schließen und zu bewahren, als heute. Die größere Ortsgebundenheit und vor allem die existierenden Gruppenmilieus förderten das Entstehen von Freundschaft. Heute ist jeder Einzelne eine eigenständige „Monade": Jeder denkt individuell, fühlt individuell und ordnet sich höchst ungern einer Gruppe zu. Es gibt so gut wie keine größeren Gruppenmilieus mehr. Deshalb ist es auch schwerer als früher, den Grad von spontaner Übereinstimmung zu finden, der der erste Schritt zu einer Freundschaft ist.

Bittere Einsamkeit

Einsamkeit hat etwas Bedrohliches. Es ist vor allem das Gefühl von Ungeborgenheit und eines ganz und gar Auf-sich-gestellt-Seins, das Einsamkeit bedrückend machen kann. Mit Einsamkeit verbinden wir das Gefühl von Leere, einer hoffnungslosen, erschreckenden Leere. Uns erfasst eine unbestimmte Angst, die wir dadurch ins Wort bringen, dass wir sagen: „Die Decke fällt mir auf den Kopf", oder: „Ich fühle mich von Gott und aller Welt verlassen, mutterseelenallein." Diese Angst kann quälend werden. Sie kann den einen in seiner Einsamkeit zunehmend verschließen und ihn verleiten, in den Alkohol oder eine andere Sucht zu fliehen. Einen anderen führt sie dazu, einfach irgendwohin unter Menschen zu gehen – egal wohin, Hauptsache nicht allein.

Der Psychoanalytiker Fritz Riemann schreibt: „Einsamkeit wird umso quälender und aussichtsloser erlebt, je weniger wir es gelernt haben, mit ihr umzugehen, je weniger wir sie kennengelernt haben; denn dann sind wir immer nur darauf eingestellt, sie zu fliehen und etwas oder jemanden außerhalb von uns zu finden, der uns aus ihr befreit, und so lassen wir es gar nicht dazu kommen, einmal die Segnung der Einsamkeit an uns zu erleben."[142] Die Segnung der Einsamkeit?

Einsamkeit gehört zum Wesen des Menschen

Ja, Einsamkeit gehört gerade unter ihrem positiven Aspekt zu unserem Leben, anthropologisch, psychologisch und theologisch. Natürlich, Menschen sind nicht zum Alleinsein geschaffen. Aber wir sind als Einzelne und daher mit einer tiefen unüberbrückbaren Einsamkeit geschaffen. Einsamkeit macht einen wesentlichen Teil unseres Menschseins aus, nämlich die Einmaligkeit unserer Individualität, die unvermeidlich immer auch Einsamkeit bedeutet. „Kein Mensch kann uns vollständig verstehen, kein Mensch kann uns uneingeschränkt lieben oder uns ständig geneigt bleiben, kein Mensch kann in unser innerstes Wesen vordringen."[143]

Eine letzte innere Einsamkeit gehört also zum Menschen, weil er weder sich selbst in seiner Totalität ganz an andere vermitteln kann noch die letzte Tiefe des Selbstbewusstseins und der persönlichen Empfindungen aussagbar und mitteilbar ist. Aus philosophischer und psychologischer Sicht ist diese letzte innere Einsamkeit des Menschen insofern Voraussetzung und Ausdruck seines Personseins, seiner Subjekthaftigkeit und Individualität. Aus theologischer Sicht weist sie auf die existenzielle Gottesbeziehung jedes Menschen hin, der von Gott und auf ihn hin geschaffen ist und nur in der Gemeinschaft mit ihm seine letzte Erfüllung findet.

Von unserer Geburt an gehört Einsamkeit deshalb zu unserem Leben. Die erste schmerzliche Erfahrung des Kindes ist: Ich bin nicht mehr in Symbiose mit der Mutter, ich bin allein. Das Stillen des Kindes, Schmusen und anderer Körperkontakt mildern diese schmerzliche Erfahrung. Doch von der Geburt des Kindes an ist es seine Aufgabe, sich immer mehr von den Eltern abzusetzen, auf eigenen Füßen zu stehen und sich einmal allein an eine Partnerin oder einen Partner zu binden.

Einsamkeit und Gemeinschaft

Die Einsamkeit ist darum neben den verschiedenen Formen von Gemeinschaft für die Selbstwerdung notwendig. So wie niemand ohne Liebe als Mensch reifen kann, so kann niemand ohne Einsamkeit wirklich er selbst werden. Wer ständig nur in Gemeinschaft macht und keine Stille kennt, wer alle seine Schwierigkeiten in Gerede auflöst oder verdrängt, statt sich ihnen in einsamem Kampf zu stellen, der wird nie er selbst, sondern bleibt ein Fremdling in seiner Seele und in seinem Leib. Erst recht muss der Ehelose es lieben oder lieben lernen, mit sich allein zu sein.

Allgemein gilt: Einsamkeit und Gemeinschaft leben voneinander. Nur wer Einsamkeit positiv zu schätzen und zu leben weiß, ist auch gemeinschaftsfähig. Umgekehrt bedarf es des positiven Erlebens von Gemeinschaft, um die eigene Einsamkeit wirklich pflegen zu können.

Wer nicht allein sein kann,
der hüte sich vor der Gemeinschaft.
Er wird sich selbst und der Gemeinschaft
nur Schaden tun.
Umgekehrt aber gilt der Satz:
Wer nicht in der Gemeinschaft steht,
der hüte sich vor dem Alleinsein.
Dietrich Bonhoeffer[144]

Die eigene Lebensgeschichte

Unsere Erfahrungen mit der Einsamkeit und unsere Einstellung zu ihr haben eine Geschichte, die meist bis in unsere Kindheit zurückreicht. Unsere Lebensgeschichte ist auch die Geschichte unserer Einsamkeit und unseres Umgangs damit.

„Das Alleingelassenwerden ist für ein Kind am schwersten zu ertragen, solange es noch so klein ist, dass es der Einsamkeit hilflos und ohnmächtig ausgeliefert ist. [...] Wenn jemand als Kind zu oft und zu lange allein gelassen wurde, bevor er Vertrauen und Hoffnung lernte, kann später Einsamkeit ähnlich verzweifelt und hoffnungslos erleben; die Früherinnerungen wirken in ihm noch so mächtig nach, haben ihn so geprägt, dass er in Panik gerät, wenn er länger allein ist.

Er realisiert dann gar nicht, dass er ja nicht mehr das hilflose Kind von damals ist; er erlebt nur die Verlustangst und das hoffnungslose Alleingelassenwerden wieder, dem er als Kind ausgesetzt war. [...]

Aber auch die gegensätzliche Situation in der Kindheit kann später eine überwertige Angst vor der Einsamkeit entstehen lassen; dann nämlich, wenn das Kind zu wenig die Möglichkeit hatte, selbstständig zu tun, wozu es Lust hatte, wenn es zu wenig lernen konnte, sich allein mit etwas zu beschäftigen. Dazu kommt es, wenn Mütter dem Kind alles abnehmen, wenn sie es zu lange von sich abhängig halten wollen; oder aber wenn sie ihm einen eigenen Spielraum nicht lassen und überall Verbote setzten. [...]

So ist das Nicht-ertragen-Können der Einsamkeit häufig ein Zeichen uns verbliebener kindlicher Abhängigkeit. Schopenhauer gibt daher den Rat, dass es ein Hauptstudium der Jugend sein sollte, ,die Einsamkeit ertragen zu lernen, weil sie eine Quelle des Glücks und der Gemütsruhe' sei."[145]

Jesus: in Gemeinschaft und einsam

Jesus hat ein Leben geführt, das voller Aktivität unter Menschen war. Er war gut damit ausgefüllt, zu heilen und zu lehren. Jesus war ständig unter Menschen und von einem Schülerkreis umgeben. Und doch war Jesus einsam. Er hatte ständig Leute um sich. Aber selbst die, mit denen er eine freundschaftliche Beziehung hatte, verstanden ihn nur ansatzweise und das Wesentliche, seinen Tod am Kreuz, überhaupt nicht. Dabei war Jesus einsamer, als wir es uns je vorstellen und erleben können. Denn sein Gottsein konnte und kann niemand verstehen. Und obwohl dieses Gottsein bedeutet, nicht einsam zu sein, weil es in Gott keine Einsamkeit gibt, wollten der Vater und der Sohn selbst die Einsamkeit unter den Menschen und die Einsamkeit am Kreuz nicht durch die Erfahrung der göttlichen Gemeinschaft aufheben. Jesus war in Gemeinschaft *und* einsam, denn beides gehört zum Leben des Menschen.

Die Botschaft Jesu

Jesus setzt mit seinem Heilungsangebot für unser von Gemeinschaft vollgestopftes und doch einsames Leben dementsprechend nicht damit an, dass er uns einfach rät, von den vielen Tätigkeiten abzulassen und ein stilles, geruhsames, ausschließlich kontemplatives Leben in trauter Gemeinschaft mit einer Handvoll Gleichgesinnter zu beginnen. Jesus setzt ganz anders an. Er rät uns, einen Schwerpunkt und eine Mitte zu finden, um die unser Leben kreisen kann. Jesus möchte uns vom bloßen Vielerlei zu dem *einen* Notwendigen führen (Lk 10,42). Wir sollen in unserer Welt leben, aber fest verwurzelt in dem, der der Mittelpunkt von allem ist. Er sagt: „Suchet zuerst das Reich Gottes [...], und alles andere wird euch dazugegeben werden." (Mt 6,33) Glauben wir Jesus diesen Satz?

Wenn ja, hat das Konsequenzen für die Gestaltung unseres Alltags. Denn die Suche nach dem Reich Gottes beginnt (!) mit dem Rückzug aus Gemeinschaftlichkeit. Die Suche nach dem Reich Gottes beginnt mit dem Alleinsein, mit der Einsamkeit. Die Suche nach dem Reich Gottes beginnt damit, im eigenen Leben Menschen und Tätigkeiten konkret zurückzulassen. Wer ständig etwas zu tun hat, kann die Suche nach dem Reich

Gottes nicht aufnehmen. Wer nicht regelmäßig allein ist, dem ist es praktisch unmöglich, ein Leben aus dem Geist Gottes zu führen, denn der Lärm, das ständige Tun und dauernde Zusammensein mit Menschen hindern daran, in tiefer Intensität nichts als Gott zu suchen. Wenn wir uns an unsere Erlebnisse klammern, weil sie unser ganzes Selbstbewusstsein ausmachen, bleiben wir an sie fixiert. Es fehlt uns dann sowohl an Offenheit für Gott wie auch für das Selbstsein und die Andersheit des anderen. Man muss wirklich etwas an Gott verschenken, etwas lassen, was man sonst tun könnte.

Entsprechend hat Jesus immer wieder die Einsamkeit gesucht. Zu Beginn seines Wirkens zog er sich eine lange Zeit in die Wüste zurück, um einsam vor Gott zu sein. Die Einsamkeit der Wüste hilft, Gott besser zu hören. In der Wüste offenbart Jahwe Mose seinen Namen (Ex 3). In der Wüste erhält das Volk Israel die Gebote. In der Wüste erlebt Elija die Gegenwart Gottes (1 Kön 19). In der Wüste ruft Johannes der Täufer zur Umkehr auf (Mk 1). Jesus reiht sich vor seinem öffentlichen Auftreten in diese Reihe der Wüstenerfahrungen ein. Er sucht auch später immer wieder die Einsamkeit. Lukas erwähnt während der Schilderung des öffentlichen Lebens Jesu (Lk 4–21) achtmal, dass sich Jesus in die Einsamkeit zurückzog, um zu beten – obwohl die Leute ihn suchten.

Lernen der Einsamkeit

Fritz Riemann schreibt: „Warum überwiegt aber heute bei so vielen die Angst vor der Einsamkeit, warum tun wir alles Mögliche, um das Alleinsein zu vermeiden? *Ein* Grund ist sicher der, dass wir es nicht gelernt haben, Einsamkeit zu ertragen. [...] das lässt uns gar nicht dazu kommen, sie als einen Wert zu erleben, da wir von vornherein der Meinung sind, dass Einsamkeit nur Leere, Langeweile, kurz ein Mangelerlebnis sei."[146] Einsamkeit kann und muss man lernen. Es kommt dabei darauf an, die Angst vor dem Alleinsein auszuhalten und durchzustehen. Durch Aktivismus, Kontaktsucht und Alkohol ist diese Angst nicht aufzulösen. Sie wird nur vorübergehend zugedeckt. Zum Lernen der Einsamkeit gehört es auch, „anzunehmen, dass mitmenschliche Geborgenheit ihre Grenzen hat, dass wir nicht von einem Partner [...] oder von der Gesellschaft erwarten können, ja dürfen, uns vor der Einsamkeit zu schützen. Wir müssen außer einem Bezugspunkt in einem Du oder in einer Gemeinschaft auch einen solchen in uns selbst entwickeln [...]: Je mehr wir Persönlichkeit sind, in uns selbst ruhen, umso weniger kann uns Einsamkeit schrecken." All das wird uns allerdings nicht geschenkt. Der „Anfang liegt immer darin, Einsamkeit anzunehmen, statt vor ihr zu fliehen". Wenn wir die Einsamkeiten austragen, dann „können wir demütiger und menschlicher aus ihnen hervorgehen, können beginnen, manches loszulassen, was wir meinen festhalten oder erstreben zu müssen, und können dadurch wesentlicher werden"[147].

„Bleib in deiner Zelle!"

Vor diesem Hintergrund geben viele der sogenannten Wüstenväter aus den ersten Jahrhunderten den Rat: „Bleib in deiner Zelle!" In den „Apophthegmata Patrum", einer Sammlung von Sprüchen der Mönche Ägyptens aus dem 4. und 5. Jahrhundert, steht folgende Geschichte: „Jemand sagte zum Altvater Arsenios: ‚Meine Gedanken quälen mich, indem sie mir sagen: Du kannst nicht fasten und auch nicht arbeiten, so besuche wenigstens die Kranken; denn auch das ist Liebe.' Der Greis aber, der den Samen der Dämonen kannte, sagte zu ihm: ‚Geh und iss, trinke, schlafe und arbeite nicht, nur verlass dein Kellion nicht!' Er wusste nämlich, dass das Ausharren im Kellion den Mönch in seine rechte Ordnung bringt."[148] Hier wird Verzicht auf Askese, ja sogar Verzicht auf Nächstenliebe gefordert. Das Aushalten in der Zelle ist für den, der es nicht kann, so wichtig, dass deshalb andere Gebote außer Acht gelassen werden müssen. Der Grund: Die Einsamkeit hindert daran, vor sich, seinen Schatten und Versuchungen davonzulaufen. „Gerade wenn es in einem brodelt, wenn es unangenehm wird, alles in einem zu explodieren droht, gerade dann muss man in der Zelle bleiben. Denn nur durch das Bleiben kommt man an die Wurzel seiner inneren Probleme. Irgendwann muss jeder einmal durch den eigenen Tiefpunkt, um zum Eigentlichen vorzustoßen. Aus der Zelle zu gehen und sich in Aktivitäten zu flüchten würde einen um die Chance bringen, zu dieser Tiefe durchzudringen."[149] Es kann sehr schmerzvoll sein, in der Einsamkeit unverhüllt seinen inneren Konflikten ausgeliefert zu sein. Doch es ist notwendig. Wer vor seinen inneren Ängsten und Konflikten aus der Einsamkeit flüchtet, den holen sie später umso heftiger ein. Hier gilt, was Paulus in seinem Brief nach Rom schreibt: „Bedrängnis bewirkt Geduld, Geduld aber Bewährung, Bewährung Hoffnung. Die Hoffnung aber lässt nicht zugrunde gehen." (Röm 5,4f.)

Aller Anfang ist schwer

Aller Anfang ist natürlich schwer – das gilt erst recht für das Aushalten der Einsamkeit. Wer damit anfängt, sich Zeiten des Alleinseins zu schaffen, der kann über Wochen und Monate den Eindruck haben, damit seine Zeit zu vergeuden. Er kann von Gefühlen und Gedanken bombardiert werden oder es einfach langweilig finden. Zunächst können sich Arbeit oder alle möglichen Dinge, die man gerne einmal tun würde, hartnäckig zu Wort melden und in den Gedanken festsetzen. Erst durch die Gewohnheit und wenn sie immer weniger Aufmerksamkeit erfahren, ziehen sie sich nach und nach zurück. Deshalb kommt es von Anfang an darauf an, regelmäßige Zeiten des Alleinseins in der Einsamkeit vor Gott treu durchzuhalten.

151

Einsam vor und mit Jesus

Und was soll man dann mit der Langeweile, mit den heftigen Gefühlen oder den bedrängenden Gedanken machen? Wie gesagt, aus psychologischer Perspektive gilt es, sie auszuhalten. Ein Abwehrkampf dagegen oder bloßes Ablenken funktioniert meistens nicht und bewirkt auch nichts. Aus theologischer Perspektive ist es entscheidend, die eigene Einsamkeit vor Gott und mit Jesus zu leben. Es gilt, die eigene Aufmerksamkeit auf Gottes Gegenwart und Nähe zu richten, gerade auch dann, wenn ich sie nicht fühle. Auf diese Weise entziehen wir unseren Ängsten und Schatten sowie dem Vielerlei der Dinge, das uns beschäftigt, einen Teil ihrer Macht über uns. Die Betrachtung der Heiligen Schrift, auch wenn sie mühsam und unkonzentriert ist, hilft zur Verwandlung. Wenn wir in unser Alleinsein Worte der Heiligen Schrift hineinstellen, kurze Ausdrücke, wenige Sätze oder einen längeren Text, dann können solche Worte wie Orientierungspunkte wirken, zu denen wir immer wieder zurückkehren, wenn wir vor Langeweile, Zerstreuung oder innerem Kampf in verschiedene Richtungen abgeschweift sind. Im Extremfall kann es sein, dass einer sich mit dem in Einsamkeit ringenden Jesus am Ölberg verbunden weiß und daraus Kraft gewinnt.

Wenn die eigenen Gedanken und Wünsche einen nicht so besetzen, kann es sinnvoll sein, die Einsamkeit nicht zu füllen, sondern in der Einfachheit und Stille der Kontemplation nur vor Gott da zu sein.[150]

Solche Einsamkeit vor Gott und in Gemeinschaft mit dem einsamen Jesus ist die Voraussetzung für eine ausgeprägte Freundschaft mit ihm. Je mehr eine freundschaftliche Gottesbeziehung wächst, indem wir einsame Zeit mit Gott verbringen, desto mehr können wir entdecken, dass Gott uns in unserem ganzen Alltag begleitet. Wir werden dann immer mehr fähig, ihn auch mitten in der Aktivität und im vollgestopften Alltag zu entdecken und darin mit ihm zu leben. Auf diese

Weise vollzieht sich die Durchdringung der Einsamkeit auf ihren positiven Kern hin, nämlich auf ihre Erfüllung in der Gemeinschaft mit Gott.

Noch einmal: Einsamkeit und Gemeinschaft

Wir haben oben die Korrespondenz von Einsamkeits- und Gemeinschaftsfähigkeit beleuchtet. Einsamkeit ist die Voraussetzung für Gemeinschaft. Der verstorbene brasilianische Bischof Hélder Câmara, der seit seiner Studienzeit jede Nacht zum Gebet aufstand, betete: „Wenn Du mir nicht die Gnade geschenkt hättest, während der Nachtwachen die Stille zu trinken, darin einzutauchen, mich ganz von ihr durchdringen zu lassen, wie könnte ich je meine innere Stille bewahren, ohne die man weder die Menschen hören kann noch Dich, o Herr?!"[151]

Für mich gehört es zu den fruchtbarsten Gemeinschaftserfahrungen, über die eigenen Einsamkeitserfahrungen und den Umgang damit zu sprechen. Das geht in der Regel nur in vertrauter Beziehung. Ein solches Gespräch hilft, im Leben aus der eigenen Einsamkeit zu wachsen, und vertieft zugleich die Beziehung.

Eine Regel

Es gibt eine in der Spiritualität verbreitete Regel, die eine Orientierung geben kann für das notwendige und sinnvolle Maß an Einsamkeit vor Gott. Sie lautet: Jeden Tag eine Stunde, jede Woche einen Abend, jeden Monat einen Tag und jedes Jahr eine Woche. Es kann notwendig sein, Gott auch wirklich in seinem Terminkalender einen Platz einzuräumen, damit niemand sonst diese Zeit in Beschlag nehmen kann. Nicht nur Arbeit, Freunde und Bekannte haben das Recht, in unserem Terminkalender zu stehen. Auch Gott möchte von uns einen Termin bekommen – mindestens einen. Henri Nouwen empfiehlt sogar: „Wir können dann unseren Freunden [...] die Auskunft geben: ‚Es tut mir leid, aber um diese Zeit habe ich schon eine Verabredung, die ich nicht verschieben kann.'"[152] Oder ist Gott der Lückenbüßer in meinem Leben, der mit dem zufrieden sein muss, was eben zufällig frei bleibt? Für etwas, das einem wirklich etwas wert ist, findet man auch Zeit.

Das christliche Leben kann sich nur entfalten,
wo sorgfältig darauf geachtet wird,
dass sich Schweigen und Sprechen,
Zurückgezogenheit und Einsatz,
Ferne und Nähe,
Alleinsein und Gemeinschaft die Waage halten.
***Henri J. M. Nouwen**[153]

Zum Nach-Denken

Ich glaube an meine Freunde
In der Einsamkeit.
Bin ich aber mit ihnen,
Wie fern sind sie dann.
Antonio Machado[154]

Wer es fertigbringt, sich mitten in seinen Unternehmungen [...] einen einsamen Ort einzurichten, der wird sich allmählich aus der Tyrannei lösen, die seine Erfolge und Fehlschläge über ihn ausüben. Seine Anhänglichkeit an diese Welt schwindet, und an ihre Stelle tritt die Fähigkeit, voll Mitleid die Illusionen zu durchschauen, die sie anbietet. Dann kann er sich ernsthaft einsetzen und doch zugleich entwaffnend lächeln. Dann macht er sich immer weniger aus eigenem Bedürfnis um andere Menschen Sorgen, sondern er lässt sich von den wirklichen Bedürfnissen der Menschen fordern.

Henri J. M. Nouwen[155]

Das Ausmaß des Alleinseins, das man zur Aufrechterhaltung des Zölibats auf sich nehmen muss, kann nicht als unbedeutend hingestellt werden. [...]
[Zölibatäre haben] eine besondere Beziehung zur Einsamkeit, weil sie sich verpflichten, in die Augenblicke der Einsamkeit, die das Leben mit sich bringt, vollständiger und schutzloser einzutauchen, als es verheirateten Menschen möglich ist [...]
Der Zölibat kann auf keine andere Weise aufrechterhalten werden als durch die Durchdringung des Alleinseins.
Das bloße Ertragen des Alleinseins reicht nicht aus, denn nur seine Durchdringung zapft den Urquell der Spiritualität an.

A. W. Richard Sipe[156]

Freundschaft und Gottesbeziehung

Intimität im Leben von Zölibatären[157]

„Jesus war ein lebendiger Mensch. Er war zärtlich und liebevoll. So dürfen wir einander umarmen und lieb haben. [...] Wir verzichten [aber] auf ausgesprochen sexuelle Zärtlichkeiten. Wir verzichten darauf, miteinander zu schlafen.“[158] Mit diesen Worten beschreibt ein Ordensmann das Verhältnis zu einer Ordensfrau, mit der ihn eine tiefe Freundschaft verbindet. Es sind Worte, die nachdenklich machen und zur Diskussion anregen. Wie viel Intimität und Zärtlichkeit kann oder sollte zu einem zölibatären Leben gehören? Welche Gestalt von Freundschaft entspricht einer Ehelosigkeit um des Himmelreiches willen? „Und wie ist es mit Umarmen, Streicheln, Küssen? Ist euch alles erlaubt, nur das Letzte nicht?“ fragen Freunde den erwähnten Ordensmann.[159]

Sowohl der Zölibat wie auch jede Freundschaft haben einen individuellen, persönlichen Charakter, der von denen geprägt wird, die sie leben. Deshalb kann es im Hinblick auf deren Gestaltung keine simplen Formeln geben. Dennoch soll hier versucht werden, mit ein paar Gedanken den angesprochenen Fragen nachzugehen.

„Der Leib braucht Eindeutigkeit"

Eine Beziehung wie zwischen den beiden gerade angesprochenen Ordensleuten, die von großer Singularität geprägt ist und in der es auch körperlichen Kontakt gibt, gelingt auf Dauer zwischen Zölibatären höchst selten, wenn überhaupt. Der Grund liegt wohl in der leib-seelischen Wirklichkeit, die ein erfahrener Psychotherapeut in die Formulierung brachte: „Der Leib braucht Eindeutigkeit." Die menschliche Leib-Seele-Dynamik erträgt keine Ambivalenzen. Leibliche Uneindeutigkeit führt besonders, aber nicht nur im Bereich der Sexualität zu einer entsprechenden seelischen Haltung. Doch auch umgekehrt drückt sich fehlende seelische Klarheit mindestens auf Dauer auch nach außen aus. Dies gilt natürlich für Zölibatäre wie für Eheleute.

Was in einer Ehe keinen Platz hätte ...

Daher ist für Zölibatäre der Vergleich mit Menschen, die in der Ehe leben, gerade im Hinblick auf die Gestaltung von Freundschaften hilfreich. Eine exklusive, singuläre Freundschaft, die Züge einer Partnerschaft hat, ist mit einer Ehe nicht vereinbar und nicht lebbar. So kann es für Zölibatäre eine gute Orientierung sein, sich die Frage zu stellen: Könnte ich diese Freundschaft auch in einer Ehe so gestalten? Ein gutes Kriterium ist auch die Wahrnehmung, wie andere auf das eigene Verhalten reagieren: Kann ich anderen davon erzählen? Finden Fragen der Gestalt von Freundschaft Raum in der geistlichen Begleitung?

Vielfalt von Beziehungen

Für Zölibatäre – wie auch für Eheleute – ist eine Vielfalt von Beziehungen eine wichtige Lebensstütze. Menschliches Leben ist auf eine Mannigfaltigkeit von Kontakten angelegt und angewiesen. Es entfaltet sich in Familie und Großfamilie, mit Freunden, Nachbarn, Arbeitskollegen, einer größeren Zahl von Bekannten und für Christen insbesondere in der Gemeinschaft mit den Schwestern und Brüdern im Glauben. Alle diese unterschiedlichen Kontakte haben ihren spezifischen Wert und Reichtum für das Leben. Die einen können die anderen nicht einfach ersetzen. Dabei hat für die Ordenschristen die jeweilige Gemeinschaft einen besonderen, nämlich den ersten Stellenwert. Für zölibatäre Diakone, Priester und Bischöfe wiederum sind die seelsorglichen Beziehungen ein Reichtum, der das zölibatäre Leben beflügelt. Dies gilt natürlich nur, wenn sie nicht für das eigene Ego verzweckt werden. Wo seelsorgliche Beziehungen aus zölibatärer Hingabe gelebt werden, schenken sie Erfüllung, sogar gerade da, wo es vordergründig wegen Begleitung anderer in Leid, Schmerz und Tod am wenigsten danach aussieht.

Durchdringung des Alleinseins

Bei aller Bedeutung, die vielfältige Beziehungen für Zölibatäre haben, dürfen sie doch kein „Ersatz" für das den Zölibat kennzeichnende positive „Alleinsein mit Gott" sein. Denn die andere nicht verzweckende Hingabe kann nur gelingen, wenn die Gottesbeziehung im Alltag der Zölibatären ganz konkret den ersten Platz einnimmt. Es ist die bleibende Aufgabe und Herausforderung des im Zölibat Lebenden, seine Einsamkeit so zu durchdringen, dass sie seine Gottesbeziehung vertieft und so zu einer Kraft wird, die das persönliche Leben reich macht und für andere fruchtbar ist. Hier sei noch einmal an den oben bereits erwähnten Satz von Richard Sipe erinnert, der ein wesentliches Element zölibatären Lebens auf prägnante Weise ins Wort hebt:

Der Zölibat kann auf keine andere Weise aufrechterhalten werden als durch die Durchdringung des Alleinseins.[160]

Das „Alleinsein vor und mit Gott", dieses „vacare Deo", das Gott einen großen existenziellen „Leerraum" im eigenen Leben und in der eigenen Sexualität überlässt, ist eben ein Wesenselement zölibatären Lebens. Dieser „Leerraum" ist immer ein Stachel und er kann in bestimmten Lebenssituationen zu einer großen Herausforderung werden. Gerade in den Herausforderungen des Lebens aber braucht es Klarheit sowie Bereitschaft zu Treue und seelischer „Arbeit", um nicht zu sagen seelischem „Kampf". Das gilt für herausfordernde Lebenssituationen in der Ehe und außerhalb der sexuellen Dimension des Lebens – und ebenso für den Zölibat.

„Intimität" in der Gottesbeziehung

Wie die Gestaltung einer persönlichen Gottesbeziehung aussehen kann, beschreibt das folgende Zeugnis einer Ordensschwester:

„Meine tiefste Erfahrung und intimste Beziehung ist die zu Gott. Ihn suche ich täglich im Gebet, dem persönlichen wie dem gemeinschaftlichen, in den Sakramenten und in jedem Menschen, der mir begegnet. Von ihm weiß ich mich jeden

Augen-blick angeschaut [...]. Von ihm bin ich getragen, ich weiß mich unter seinem Schutz. Gefühlsmäßig lässt sich das nicht immer nachvollziehen. Aber es gibt sie, diese Momente tiefsten Glücks, größter Seligkeit, die mich zu zerreißen drohen – im Gebet, beim Empfang der Sakramente oder bei der Schriftlesung."[161]

Ein wichtiges Moment dieses Lebenszeugnisses kommt in dem Stichwort „Suchen" zum Ausdruck. Zölibatäres Leben bedarf der ständigen Suche nach Gott als dem intimsten „Lebenspartner". Aber besteht die Bedeutung des „Suchens" nur für Zölibatäre? Bedarf nicht auch die Ehe eines steten gegenseitigen „Suchens" der Eheleute? Braucht sie nicht ebenfalls verschiedene Formen des alltäglichen Miteinanders, damit dann manchmal Momente großen Glücks aufblühen können? Das stets tastend suchende Sich-Öffnen für die bzw. den anderen ist das innere Geheimnis von Ehe, Freundschaft und eben auch der Gottesbeziehung.

Die Erfahrung vieler Zölibatärer zeigt, dass der stillen Zeit am Morgen eine besondere Bedeutung für die Pflege des Kontakts mit Gott zukommt. Dazu noch einmal das Zeugnis der bereits eben zitierten Ordensfrau: „In meiner Beziehung zu Gott nimmt das morgendliche persönliche Gebet vor den Laudes einen ganz besonders wichtigen Platz ein. Den ganzen Tag über kann ich mich auf diese Momente wie auf Gelesenes rückbesinnen, und wenn es nur für Sekunden ist: ein Aufrichten bei der Arbeit, ein kurzes Stück Weg oder ein Moment des Wartens. Jeder ist ein Sich-bewusst-Werden der Gegenwart Gottes."[162]

Zur Gestaltung jedes tieferen Miteinanders gehört es auch, einen Umgang mit Situationen zu entwickeln, in denen das eigene Bedürfnis nach Nähe nicht erfüllt wird. Hilfreich kann es dann (in Ehe und Zölibat) sein, sich an Situationen, Worte und Gesten zu erinnern, in denen das Gelingen der Beziehung erfahrbar war. Dabei kann z. B. eine innere oder auch verschriftlichte Sammlung von Worten und Gedanken helfen, die die Beziehung in der Vergangenheit getragen haben. Im Hinblick auf die Beziehung zu Gott heißt es diesbezüglich in dem Zeugnis der Ordensschwester: „In den Tagen, wo mir das Beten schwerfällt, wo ich mich nach einer Gottesbeziehung sehne und dieses Sehnen anscheinend ohne Antwort bleibt, lese ich in diesen Texten und erinnere mich, wie sehr sie mir halfen, im Vertrauen darauf, dass sie auch ein weiteres Mal helfen werden."[163]

Auf solche Weise kann im Laufe von Jahren auch in der Beziehung zu Gott eine Intimität wachsen, die menschliche Intimität nicht einfach ersetzen kann, die aber zu einer vergleichbaren seelischen Erfüllung führt. Deshalb konnte die heilige Teresa von Ávila schreiben:

Inneres Beten ist Verweilen bei einem Freund,
mit dem wir oft allein zusammenkommen,
einfach um bei ihm zu sein,
weil wir sicher wissen,
dass er uns liebt.[164]

Zum Nach-Denken

Um lieben zu können, hat der Mensch nicht allzu verschiedenartige Triebkräfte zur Verfügung. Es sind dieselben affektiven Neigungen, mit denen sich menschliche Liebe oder die Liebe zu Christus ereignet.
Roger Schutz[165]

Das menschliche Du des Ehepartners wird für den Ehelosen nicht einfach durch das göttliche Du ersetzt. [...] In analoger Weise dürfen wir jedoch schon sagen, dass das göttliche Du für den Ehelosen das menschliche Du des Ehepartners ersetzt. Wir können die Ehelosigkeit nur gut leben, wenn wir bei Gott unser Bedürfnis nach Zuwendung und Liebe, nach Zärtlichkeit und Geborgenheit erfüllt bekommen. Im absichtslosen Gebet sollten wir es zulassen, dass Gott uns liebt. [...]

Dass Gott das Du ist, das meine tiefste Sehnsucht nach Liebe erfüllt, kann ich erahnen, wenn ich das Gebet als Ort der Intimität erfahre. Ich sage Gott, was ich sonst nur dem geliebten Partner sagen würde, mit Worten, die aus dem Innersten des Herzens kommen und für andere vielleicht kindisch und peinlich wirken würden.

Anselm Grün[166]

Der unbemerkte Verlust

Zur Bedeutung der evangelischen Räte für die Kirche heute

In der Natur gibt es ein großes Artensterben – und in der katholischen Kirche gibt es etwas Ähnliches, jedenfalls im westlichen Kulturbereich: Die Menschen, die nach den sogenannten evangelischen Räten leben, sterben aus, und damit eine Lebensform, die unsere Kultur vor 1200 Jahren aufgebaut und seitdem geprägt hat.

Ein Blick auf die Ordensleute: Statt etwa 100.000 Ordensfrauen im Jahr 1965 gab es in Deutschland 1991 43.000 und 2015 nur noch gut 16.000, von denen 84 % über 65 Jahre alt sind. Das bedeutet einen Rückgang um mehr als 80 % in 50 Jahren und um mehr als 60 % in den letzten 25 Jahren. Im Jahr 2030 wird es höchstens noch etwa 4000 Ordensfrauen geben, von denen dann wiederum der größte Teil über 65 Jahre alt ist – also ein Viertel der heute lebenden Ordensschwestern. Die Entwicklung bei den Ordensmännern ist ähnlich: 1972 waren es 9800, 2003 betrug die Zahl 5200 und im Jahr 2015 wurden 4200 gezählt.[167] Dieser Rückgang bedeutet, dass es im Jahr 2030 noch maximal 3000 Ordensmänner in ganz Deutschland geben wird – auch hier mit einem hohen Altersdurchschnitt. Auf 10.000 Einwohner wird es dann weniger als einen Ordenschristen geben. Dies bedeutet, dass in wenigen Jahren Ordensleute faktisch im Alltagsleben der Christen und der Gesellschaft eine Rarität sein werden.

Die Zahl der Priester im Dienst eines Bistums sank in Deutschland im Zeitraum von 1990 bis 2015 von 19.700 auf etwa 14.000, also um mehr als ein Viertel. Von den 14.000 Priestern sind knapp 9000 im aktiven Dienst.[168] Es ist davon auszugehen, dass es 2030 noch etwa die Hälfte derer sein wird, die heute im aktiven Dienst stehen.

Diese Entwicklung muss natürlich im Verhältnis zum allgemeinen demografischen Rückgang sowie zum Rückgang der institutionellen Bindung und der kirchlichen Bindung im Besonderen gesehen werden. Aber das soll hier nicht näher ausgeführt werden. Es geht um das faktische Aussterben der nach den evangelischen Räten lebenden Priester und Ordensleute. Bei den Priestern möchten viele etwas ändern, was bei den Ordensleuten per definitionem nicht geht.

Priestermangel und andere Gegenargumente

Seit mindestens 50 Jahren wird die Zölibatsverpflichtung für katholische Priester in der lateinischen Kirche heftig diskutiert. Ungezählte Bücher, Artikel und Plädoyers sind dazu verfasst worden. Das Zweite Vatikanische Konzil hat sich intensiv mit dem Thema befasst und ebenso eine Reihe von Äußerungen des kirchlichen Lehramts in den darauf folgenden Jahrzehnten.

Eine lange Entwicklung soll nun nach Meinung vieler ein Ende haben, weil die Zahl der Priester zu klein sei oder auch weil es Bischöfe und Priester mit Eheerfahrung geben solle. Dies sind grundsätzlich nachvollziehbare Gründe, auch wenn man ihr Gewicht unterschiedlich veranschlagen mag. Für die Situation in Deutschland gilt jedenfalls: Es gibt so viele verheiratete Diakone, Pastoralreferentinnen und -referenten und andere kirchliche Mitarbeiterinnen und Mitarbeiter, dass es fraglich scheint, ob es für die Kirche notwendig ist, dass auch Bischöfe und Priester Eheerfahrung haben. Die geringe Zahl der Neupriester stellt besonders für die Zukunft ein großes Problem dar. Aber wo sind heute und in den nächsten Jahren wegen des Priestermangels in einem größeren Umfeld die Feier der Sakramente und die Verkündigung des Evangeliums nicht möglich, was nach dem Zweiten Vatikanischen Konzil die entscheidenden Aufgaben des Priesters sind? Sicher ist die Situation in Deutschland recht unterschiedlich und in einzelnen Bistümern auch heute schon sehr schwierig, aber jeder, der ein Sakrament feiern will, hat dazu meist im relativen Nahbereich die Möglichkeit, in dem Nahbereich, in dem sich auch sonst ein Großteil des sozialen (Sportverein, Disco, Arzt, Krankenhaus), kulturellen (Theater, Konzert, Kino) und wirtschaftlichen Lebens (Arbeit, Einkaufen) vollzieht. Natürlich wäre eine größere Zahl von Priestern überaus wünschenswert. Doch stellt sich die Frage, was der Verlust wäre, wenn wir auf zölibatär lebende Priester verzichten würden. Denn ohne einen gemeinsam gelebten Zölibat der Priester würde sich das aus spirituellen Gründen gewählte ehelose Leben noch mehr verflüchtigen, als es das ohnehin tut.

Verflüchtigung des Glaubens- und Rätelebens

Und diese Situation ist wirklich dramatisch, wie wir zu Beginn gesehen haben. „Wir sterben aus! Da gibt es nichts dran zu deuteln", so sagte es neulich eine Ordensschwester. Tatsächlich machen die weiblichen und männlichen Orden eine Niederlassung nach der anderen zu. Es gibt nur wenige, in der Regel kontemplative Orden, die die nächsten ein, zwei Jahrzehnte mit einer nennenswerten Zahl von Mitgliedern überleben werden. Das bedeutet gleichzeitig, dass das Zeugnis der evangelischen Räte, das Kirche und Kultur in Deutschland über anderthalb Jahrtausende geprägt hat, praktisch verschwindet. Das wird von vielen, auch engagierten Christen mit einem Achselzucken zur Kenntnis genommen, vielleicht bis auf den Moment, wo es die Ordensniederlassung vor der eigenen Haustür angeht. Sollten wir uns nicht fragen, wofür das ein Symptom ist und was wir eigentlich dagegen tun können? Signalisiert der Rückgang des Rätelebens nicht, dass in der Kirche insgesamt der Glaube an die konkrete Erfüllung des eigenen Lebens durch Gott zurückgeht und dass im Hinblick auf die Sexualität Keuschheit und Enthaltsamkeit weitgehend keine positiv besetzten Werte sind, mit denen man Reifung und Tiefe des Lebens verbindet? Gibt es sichtbarere Zeichen für die dramatische Säkularisierung unserer Gesellschaft als die Aufgabe von Klöstern, weil ihnen Mitglieder, und die Profanierung von Kirchen, weil ihnen die praktizierenden Gläubigen abhandengekommen sind? Liegt in diesem Rückgang des praktizierten christlichen Glaubens nicht auch die Ursache für die sinkende Zahl von Gläubigen, insbesondere Jugendlichen, und damit von Priestern und anderen kirchlichen Mitarbeiterinnen und Mitarbeitern? Die Zahl der jungen Pastoral- und Gemeindereferentinnen und -referenten oder auch der Kirchenmusiker sinkt ja ebenfalls. Dies alles vollzieht sich übrigens in großer ökumenischer Gemeinsamkeit, weshalb spezifisch katholische Themen hier sicher nicht ausschlaggebend sind.

Eine Frage der Spiritualität?

Vor einiger Zeit war ich zu einer Bischofsweihe in einem unserer Partnerbistümer in Afrika. Abends saßen wir in gemütlicher Runde zusammen. Da fragte ich einen erfahrenen afrikanischen Bischof, der die Situation der Kirche in Afrika und in Europa gut kennt, ob es nicht unter den afrikanischen Lebensbedingungen schwieriger sei, den Zölibat zu leben, wie man es in Europa so oft hören kann. „It's a question of spirituality – in Africa and in Europe", antwortete der Bischof: „Das ist eine Frage der Spiritualität – in Afrika und in Europa!" Diese Antwort ist mir nachgegangen. Tatsächlich entspricht sie meinen eigenen Erfahrungen und den Untersuchungen von A. W. Richard Sipe.[169] Bei den meisten Priestern, bei denen ich es von Nahem mitbekommen habe, gingen das Nichtleben des Zölibats und schließlich die Aufgabe des Priesteramts mit einer Verflachung der Gottesbeziehung einher. Persönliches Gebet, Schriftbetrachtung, Beichte und konkretes Leben aus der Christus-Beziehung gab es nicht oder hatten sich verflüchtigt. Trotzdem ergeben die genannten Punkte nicht einfach ein sicheres positives „Rezept". Jede Lebensform ist gefährdet und kann ihre Abgründe haben, natürlich auch die zölibatäre. Aber tatsächlich ist der Zölibat eine Frage der Spiritualität, und so ist er auch entstanden. Der Zölibat ist ja eine spezifische Lebensform der Beziehung zu Gott:

> Leben mit Jesus, für Jesus und wie Jesus auf seinen Ruf hin und in der Kraft seiner Liebe.

Mit Jesus und für Jesus: Der Zölibatäre sucht und findet seine letzte Geborgenheit nicht in der Partnerschaft mit einem Menschen, sondern in Gott, weil die Liebe Gottes eine erfahrbare Wirklichkeit ist, die das eigene Leben vollkommen ausfüllen kann. Was das Leben auch bringt, was sich auch ergibt, die Gemeinschaft mit Jesus Christus ist total erfüllend und Grund genug, um ihretwillen, neutestamentlich gesprochen „um des Himmelreiches willen", ehelos zu leben. Denn er, Jesus Christus, ist das Leben!

Wie Jesus: Ganz mit Gott und für ihn leben wie der ehelose Jesus. Hierin liegt, wie oben beschrieben, ein wesentliches Moment für die Angemessenheit des Zölibats für Bischöfe, Priester und Diakone, die ja in der Feier der Sakramente und in ihrem Leben durch ihre Person Jesus Christus in der Kirche vergegenwärtigen.

Mit Jesus, für Jesus und wie Jesus auf seinen Ruf hin und in der Kraft seiner Liebe: Darin liegt auch der Sinn der weiteren evangelischen Räte. Nun, ich persönlich lebe nicht arm, aber ich versuche, meinen Möglichkeiten entsprechend einfach zu leben als Ausdruck meines Vertrauens auf Gott, meiner Verfügbarkeit für ihn und meiner Solidarität mit denen, die einfach oder arm leben müssen. Und ich lebe im Gehorsam der Kirche nach oben und nach unten – jedenfalls bemühe ich mich auch darum. Natürlich kann Gehorsam missbraucht werden. Aber es fasziniert mich immer wieder, mein Leben dem Wirken Gottes zu überlassen und ganz konkret zu glauben, dass er sogar aus Schlechtem Gutes macht.

Die evangelischen Räte sind eine Frage der Spiritualität und leuchten nicht einfach sofort rational ein. Damit stehen sie gegen ein Grundaxiom unserer Zeit – auch in der Kirche –, das lautet: Alles, was unmittelbar einleuchtet, ist wahr und richtig. Doch wie viel zählen im kirchlichen Leben und in dem der einzelnen Kirchenglieder die tieferen Werte der Offenbarung? Welche Bedeutung haben im Alltag der Kirche etwa zentrale Glaubensthemen wie die Erfüllung in der Liebe als Selbsthingabe, das Kreuz als Weg zum Leben, das Vertrauen auf die größeren Möglichkeiten Gottes, die Demut als der gewaltfreie Weg Jesu, der Gehorsam als Vertrauen auf die Führung Gottes, die Sexualität als mit Gott gestaltbare Dimension menschlichen Lebens, die Erwartung des ewigen Lebens als Relativierung des jetzigen Lebens usw.? Um das alles zu leben, braucht es eine klare Ausrichtung auf Gott, eine persönliche Gottesbeziehung, ein großes Maß an persönlichem und gemeinschaftlichem Gebet und geteilten Glauben. Pflegen wir diesen spirituellen Akzent in der Kirche nicht zu wenig, wenn aufgrund der „in Deutschland sogar statistisch fassbaren Geselligkeits- und Freundschaftsorientierung in den Gemeinden [...] die Sättigung sozialer der Befriedigung religiöser Bedürfnisse nachgeordnet wird"?[170]

Spiritualität ist die Zukunft

Also alles nur eine Frage der Spiritualität? Der Leser wird erwarten, dass diese Frage mit Nein beantwortet wird. Doch was heißt hier eigentlich „nur"? Alles Wesentliche im Leben ist eine Frage der Spiritualität. Alles Wesentliche im Leben entscheidet sich an der Frage, ob ich mit Gott lebe oder nicht; ob ich auf ihn vertraue oder nicht; ob ich immer neu aus seiner Liebe lebe oder nicht; ob ich bereit bin, wie Jesus meine Lebensverwundungen als Kreuz zu tragen, oder nicht. Deshalb brauchen Kirche und Gesellschaft Menschen, die diese Spiritualität konkret, mit möglichster Radikalität und als prophetisches Zeugnis leben. Als äußerlich sichtbares Zeugnis dafür, dass es Gott gibt, dass Gott in unserem Leben eine Rolle spielen möchte und dass wir in unserem Leben auf ihn bauen können.

Der Zölibatäre gibt Zeugnis davon, wie die Liebe Gottes einen Menschen erfüllen kann und dass Gott als Einziger alles wert ist, wert das eigene Leben ganz auf ihn zu setzen.

Ist es das nicht wert, dass die Kirche eine Zeit lang weniger Priester hat, als man wünschen könnte? Vielleicht brauchten die Kirche und die Gesellschaft Menschen, die nach den evangelischen Räten leben, noch nie so dringend wie heute. Die Aufgabe kann also nicht sein, de facto die Erfahrung des gelebten Lebens der evangelischen Räte zu verringern durch einen Rückzug in die wenigen verbleibenden Klöster, wie es durch die Aufhebung der Zölibatsverpflichtung für Priester weiter geschehen würde. Dieser Verlust wäre zu groß. Die Aufgabe liegt vielmehr darin, alle Anstrengungen zu unternehmen, in der Kirche den spirituellen Grundwasserspiegel zu heben. Es ist wichtig, dass Gebet, persönliche Gottesbeziehung und daraus gestaltete Nächstenliebe wieder mehr den Alltag der Christen prägen und dass wir jungen Menschen helfen, die Faszination eines Lebens mit Jesus zu entdecken. Dann wird es wohl auf Dauer auch eine angemessene Zahl von Priestern und Ordenschristen geben. Die sinkende Zahl der überzeugt lebenden Gläubigen und der Priester sowie die Auflösung des Ordenslebens sind ein Fanal, dass die Kirche nicht ihr Eigenstes lebt. Das ist eine Frage der Spiritualität für die Kirche in Deutschland und darüber hinaus.

Aufhebung des Zölibats für Priester
Weiß die katholische Kirche,
welch radikale Umkehrung der Werte
sie damit einleiten würde?
Der Zölibat der Priester, Torheit des Evangeliums,
hat in ihr eine verborgene Wirklichkeit bewahrt.
Die Kirche hat sich darin auf das Unsichtbare,
auf das Mysterium Christi ausgerichtet.
Roger Schutz[171]

Hingabe in sich verschenkender Liebe
Zum Abschluss: Ein Gebet

Wie es das Wort von Roger Schutz besagt, geht es beim Zölibat und den evangelischen Räten überhaupt um die Ausrichtung auf das Unsichtbare, genauer auf den Unsichtbaren. Und
es geht um das Lebensgeheimnis Christi, also die Hingabe an
den Vater. Ein Leben nach den evangelischen Räten bringt in
diesem Sinn den Kern des christlichen Glaubens in einer Lebensform zum Ausdruck. Dieser Kern besteht in der Nachfolge
Christi als Hingabe des eigenen Lebens an den Vater in sich
verschenkender Liebe zum Nächsten. Darin liegt gleichzeitig
die größtmögliche Erfüllung menschlichen Lebens.[172]
   Es gibt ein Gebet des seligen Charles de Foucauld (1858–
1916), das diese Haltung der Selbsthingabe an Gott mit großer Tiefe formuliert. Gegen Ende seines Aufenthalts im Trap-
pistenkloster Akbès in Syrien schrieb Charles de Foucauld im
Jahr 1896 „Meditationen über das Evangelium im Blick auf die
Kardinaltugenden". An einer Stelle meditiert er das Wort des
am Kreuz sterbenden Jesus: „Mein Vater, in deine Hände lege
ich meinen Geist" (Lk 23,46) und schreibt: „Dies ist das letzte
Gebet unseres Meisters, unseres Viel-Geliebten ... Könnte es
auch unseres sein ... Und dass es nicht nur das unseres letzten
Augenblicks sei, sondern das aller unserer Augenblicke."[173]
Dann formuliert Charles de Foucauld ein Gebet, das seine er-
sehnte Grundhaltung, die Haltung eines jeden Augenblicks,
ins Wort bringt. Er entfaltet dabei die Worte Jesu am Kreuz zu
einem eigenen Gebet der Hingabe an den Vater aus der Verbundenheit mit Jesus Christus.

Mein Vater,
ich überlasse mich dir,
mach mit mir, was dir gefällt.

Was du auch mit mir tun magst,
ich danke dir.
Zu allem bin ich bereit,
alles nehme ich an.
Wenn nur dein Wille sich an mir erfüllt
und an allen deinen Geschöpfen,
so ersehne ich weiter nichts, mein Gott.

In deine Hände lege ich meine Seele.
Ich gebe sie dir, mein Gott,
mit der ganzen Liebe meines Herzens,

weil ich dich liebe
und weil diese Liebe mich treibt,
mich dir hinzugeben,
mich in deine Hände zu legen
ohne Maß,
mit einem grenzenlosen Vertrauen;
denn du bist mein Vater.

Charles de Foucauld

„*Mein Vater*": Diese so selbstverständliche, vertraute Anrede Gottes erweist alles Beten als Antwort auf die uns zuvorkommende Liebe Gottes. Die unglaubliche Liebe Gottes wird sichtbar in Erschaffung und Erhalt der Welt, in der Führung seines Volkes und unseres eigenen Lebens durch die Zeiten und in der radikalen Hingabe von sich selbst in Menschwerdung und Tod Jesu Christi. Es ist diese so nur ganz kurz skizzierte Liebe Gottes, auf die der antworten möchte, der sie erahnt hat.

Dabei bleiben unsere Antwortversuche oft zaghaft. Wir spüren die Sehnsucht, der Liebe Gottes zu antworten, aber wir spüren auch, wie unsere tatsächliche Antwort hinter der Sehnsucht zurückbleibt. Das Sprechen des Gebets von Charles de Foucauld kann deshalb wie eine Bitte darum sein, dass Gott die Wirklichkeit des liebenden Sich-Verschenkens, die ich leben möchte, in mir wirke.

„Ich überlasse mich dir, mach mit mir, was dir gefällt": Nichts wollen, als dass Gottes Wille sich erfüllt, weil es keinen besseren Willen auf der ganzen Welt gibt. Gottes Wille ist ja reines Wohlwollen. Also kann einem gar nichts Besseres passieren.

Aber eigentlich, eigentlich ist das noch zu wenig. Es ist richtig, zweifelsohne. Doch eigentlich reicht es ja schon, dass Gott Gott ist. Einfach weil etwas Gottes Wille ist, liegt in ihm der letzte und höchste Sinn.

„Mach mit mir, was dir gefällt. Was du auch mit mir tun magst, ich danke dir": Ja, Herr, ich will nicht selbst über mich verfügen. Ich will keine rationale oder äußere Sicherheit für mein Leben suchen, weil du die letzte Sicherheit bist. Ich glaube, dass nicht mein Können und meine Fähigkeiten über das Gelingen meines Lebens entscheiden, sondern du. Ich vertraue darauf, dass mein Leben gelingt, wenn ich dir nur vertraue. Nicht, dass ich meinen Verstand ausschalte, aber dass ich daraus lebe, dass du viel weiter siehst und wirkst, als mein Verstand denken kann.

Teresa von Ávila schreibt einmal:

**Da Gott unserem Willen keine Gewalt antut,
nimmt er nur, was wir ihm geben.
Aber er schenkt sich uns erst ganz,
wenn wir uns ihm ganz schenken.**

Gott zwingt uns nicht. Er wirbt um uns. Eben deshalb will und kann er nichts tun, ohne unsere Bereitschaft, ihn in unserem Leben wirken zu lassen. Deshalb gilt: Je mehr wir uns ihm schenken, desto mehr kann er sich uns schenken.

Also: *„Zu allem bin ich bereit, alles nehme ich an."* Alles: Gottes Wille ist der beste, auch wenn er in Schweres und in Leid führt. Leidlosigkeit ist ja keine Kategorie für das Gelingen menschlichen Lebens. Jesus hat vielmehr vorausgesagt, dass sich die Existenz des Jüngers zwischen zwei Polen vollzieht, der Sicherheit in Gott und der Gefährdung in der Welt. Aber eben in aller Gefährdung ist ja Sicherheit in Gott.

„Weil ich dich liebe ... ": Ja, es ist das Bedürfnis der Liebe, sich zu verschenken. Es gibt ein tiefes Wort von Georg Wilhelm Friedrich Hegel: „Das wahrhafte Wesen der Liebe besteht darin, [...] sich in einem anderen Selbst zu vergessen, doch in diesem Vergehen und Vergessen sich selbst zu haben und zu besitzen."[174] Sich selbst vergessen auf Gott hin. Die Liebe lockt uns aus uns heraus und führt uns darin erst zu uns selbst.

„Ohne Maß, mit einem grenzenlosen Vertrauen ... ": Das ist eigentlich naiv. Aber Vertrauen ist immer ein Stück naiv, sonst wäre es kein Vertrauen.

„... denn du bist mein Vater": Das ist die Sicherheit. Wenn ich morgens aufwache: An diesem ganzen Tag bist du mein Vater. Wenn ich mich schlecht fühle: Gott, du wirst mich da schon hindurchführen. Wenn ich etwas plane und es läuft anders, als ich es möchte: Herr, hilf mir, dass ich meine Ideen von deinem Willen durchkreuzen lasse. *„Ohne Maß, mit einem grenzenlosen Vertrauen; denn du bist mein Vater."*

Ganz für Gott: Darin liegt alles beschlossen. Die evangelischen Räte laden jeden dazu ein, die Hingabe an Gott in sich verschenkender Liebe immer existenzieller zu leben, sei es als gestaltende Kraft des eigenen Lebens in den je verschiedenen persönlichen Lebenssituationen, sei es in einer spezifischen Lebensform als Ordenschrist oder Priester. Immer bleibt es ein Versuch. Und doch liegt darin die tiefste Erfüllung.

_____ **23.16.** _____. « Mon Père, je remets mon esprit entre
« Vos mains .. _____ C'est la dernière prière de notre
Maître, de notre Bien . Aimé .... Puisse . t . elle être la nôtre.
.... Et qu' elle soit non seulement celle de notre dernier
instant . mais celle de tous nos instants : « Mon Père,
« je me remets entre Vos . mains ; mon Père , je me confie
« à Vous, mon Père , je m' abandonne à Vous ; mon
« Père, faites de moi ce qu' il Vous plaira ; quoi que Vous
« fassiez de moi, je Vous remercie ; merci de tout ; je
« suis prêt à tout ; j' accepte tout ; je Vous remercie de
« tout ; Pourvu que Votre Volonté se fasse en moi, moi
« Dieu , pourvu que Votre Volonté se fasse en toutes
« Vos créatures , en tous Vos enfants , en tous ceux que
« Votre Cœur aime , je ne désire rien d'autre , mon
« Dieu ; je remets mon âme entre Vos mains ; je Vous
« la donne, mon Dieu , avec tout l'amour de mon
« cœur , parce que je Vous aime, & que ce m'est un
« besoin d' amour de me donner , de me remettre en
« Vos mains sans mesure ; je me remets entre Vos
« mains avec une infinie confiance , car Vous êtes mon
« Père .. »

Anmerkungen

1 Ein großer Dank gilt Domvikar Dr. Michael Höffner und Raphael Hülsbömer für ihre sehr hilfreiche kritische Durchsicht des Manuskripts.

2 Josef Dirnbeck/Martin Gutl, Ich begann zu beten, Innsbruck, Graz u. a. 1980, 44.

3 Vgl. Zweites Vatikanisches Konzil, Dogmatische Konstitution über die Kirche (*„Lumen Gentium"*), Nr. 42 (zit. n.: Lexikon für Theologie und Kirche, 2. Auflage, Bd. 12, Freiburg u. a. 1966, 300f.): *„multiplicibus consiliis, quae Dominus in Evangelio discipulis suis oberservanda proponit"* – „die vielfachen Räte, deren Beobachtung der Herr im Evangelium seinen Jüngern vorlegt".

4 Franz von Sales, Traité de l'amour de Dieu 8, 6, zit. n. KKK, Nr. 1974 (Katechismus der Katholischen Kirche. Neuübersetzung auf der Grundlage der Editio typica Latina, München u. a. 2007).

5 Johannes Bours / Franz Kamphaus, Leidenschaft für Gott. Ehelosigkeit – Armut - Gehorsam, Freiburg i. Br. [8]1991, 19.

6 Martin Luther, WA 7, 337.

7 Karl Rahner, Von der Not und dem Segen des Gebetes, Freiburg i. Br. 1958 (Herder-Bücherei 28), 18f.

8 Ottmar Fuchs, in: Das Thema 28 (1986), 46.

9 Alex Lefrank SJ, Entscheidung für die Hoffnung, in: Korrespondenz zur Spiritualität der Exerzitien 29 (1979), 96f.

10 Vgl. Romano Guardini, Der unvollständige Mensch und die Macht, Würzburg 1956.

11 Werbung des Mobilfunkdiscounters Simyo.

12 Roger Schutz, Dynamik des Vorläufigen, Freiburg i. Br. 1967, 51.

13 Aparecida 2007. Schlussdokument der 5. Generalversammlung des Episkopats von Lateinamerika und der Karibik, 13.–31. Mai 2007, hg. vom Sekretariat der Deutschen Bischofskonferenz (Stimmen der Weltkirche 41), Nr. 392f.

14 Vgl. z. B. Gen 14,10.

15 Papst Franziskus, Apostolisches Schreiben *Evangelii gaudium* über die Verkündigung des Evangeliums in der Welt von heute, Rom 2013, Nr. 201.

16 Anthony de Mello, Von Gott berührt, a. a. O., 234.

17 Franz Kamphaus, Priester aus Passion, Freiburg i. Br. 1993, 170.

18 Papst Franziskus, Enzyklika *Laudato si'*. Über die Sorge für das gemeinsame Haus, Rom 2015, Nr. 203f.

19 Ebd., Nr. 222.

20 Die Regel von Taizé, Gütersloh [2]1963, 49.

21 Roger Schutz, Dynamik des Vorläufigen, a. a. O., 60.

22 Ein starker Text. Leider weiß ich aber nicht mehr, von wem er stammt.

23 Origenes, Gen H 16,5 (GCS VI 142), zit. n.: Bours / Kamphaus, Leidenschaft für Gott, a. a. O., 72.

24 Zweites Vatikanisches Konzil, Dekret über Dienst und Leben der Priester (*„Presbyterorum ordinis"*), Nr. 17, zit. n.: LThK[2] 14, a. a. O., 225.

25 Im CIC can. 282 heißt es: „Clerici vitae simplicitatem colant" – „Die Kleriker haben ein einfaches Leben zu führen".
Übrigens gelten alle diese Ausführungen natürlich ebenso für Bischöfe und Diakone – auch wenn hier der Einfachheit halber stets nur vom Priester gesprochen wird.

26 Zweites Vatikanische Konzil, Dekret über die Ausbildung der Priester (*„Optatam totius"*), Nr. 9, zit. n.: LThK[2] 13, a. a. O., 331.

27 Heinz Schürmann, Im Knechtsdienst Christi, Freiburg i. Br. 1985, 64.

28 Madeleine Delbrêl, Unsere Wüste, in: Dies., Der kleine Mönch, Freiburg i. Br. 1982, 92f.

29 Frankfurter Allgemeine Zeitung, 5. 1. 1993, S. 25.

30 Maurice Sendak, Higgelti Piggelti Pop! Oder Es muß im Leben mehr als alles geben, übersetzt von Hildegard Krahé, Zürich 1969.

31 Erich Fromm, Haben oder Sein, Stuttgart 1979, 68.

32 Vgl. Ulrich Berges, Die Armen im Buch Jesaja. Ein Beitrag zur Literaturgeschichte des AT, in: Biblica 80 (1999), 153–177.

33 Mutter Teresa, Beschaulich inmitten der Welt, Einsiedeln 1990 (Der Neue Weg 10), 48–53.

34 Ebd. 21f.

35 Vgl. Papst Franziskus, *Laudato si'*, a. a. O., Nr. 206.

36 In anderer Form zuerst erschienen in: Thomas Möllenbeck/Ludger Schulte (Hg.), Armut. Zur Geschichte und Aktualität eines christlichen Ideals, Münster 2015, 13–26.

37 Discorso del Santo Padre Francesco, Udienza ai rappresentanti dei media, Sabato, 16 marzo 2013 (Übers. des Verf.).

38 Papst Franziskus, *Evangelii gaudium*, a. a. O., Nr. 198 (Übers. des Verf.).

39 Jörg Alt SJ, Eine arme Kirche für die Armen, in: Stimmen der Zeit 232 (2014), 361f.

40 Papst Benedikt XVI., Ansprache an engagierte Katholiken aus Kirche und Gesellschaft, in: Apostolische Reise Seiner Heiligkeit Papst Benedikt XVI. nach Berlin, Erfurt und Freiburg – 22. bis 25. September 2011. Predigten, Ansprachen und Grußworte, Bonn 2011, 145–151, hier 149.
Vgl. Zweites Vatikanisches Konzil, Pastoralkonstitution über die Kirche in der Welt von heute (*Gaudium et spes*), Nr. 76 (zit. n.: LThK² 14, a. a. O.): Die Kirche setzt „ihre Hoffnung nicht auf Privilegien, die ihr von der staatlichen Autorität angeboten werden. Sie wird sogar auf die Ausübung von legitim erworbenen Rechten verzichten, wenn feststeht, dass durch deren Inanspruchnahme die Lauterkeit ihres Zeugnisses in Frage gestellt ist, oder wenn veränderte Lebensverhältnisse eine andere Regelung fordern".

41 Norbert Feldhoff, Wie reich ist die Kirche in Deutschland?, in: Stimmen der Zeit 232 (2014), 657–666, hier 665.

42 Hans-Joachim Neubauer, Sie kommen und sterben, in: Christ und Welt, 25.09.2014.

43 Jörg Splett, Gehorchen ist menschlich. Zu einem umstrittenen Grundverhalten, in: Zur Pastoral der geistlichen Berufe, Heft 16, Thema: Christlicher Gehorsam, Informationszentrum Berufe der Kirche Freiburg i. Br., 1978, 3–16, hier 14.

44 Karl Rahner, Hörer des Wortes. Zur Grundlegung einer Religionsphilosophie, Freiburg u. a. 1971, 44.

45 Franz Kamphaus, in: Bours / Kamphaus, Leidenschaft für Gott, a. a. O., 126f.

46 Franz Kamphaus, ebd., 130f.

47 Maria Boxberg. Die Quelle des Zitats ist mir leider nicht bekannt.

48 Edith Stein, Wege zur inneren Stille, Aschaffenburg 1987 (Edith-Stein-Karmel Tübingen 15), 62f.

49 Madeleine Delbrêl, Wir Nachbarn der Kommunisten, Einsiedeln 1975, 66–69.

50 Franz Kamphaus, in: Bours / Kamphaus, a. a. O., 143.

51 Ebd., 145.

52 *Presbyterorum ordinis*, Nr. 15, mit leichten Änderungen zit. n.: LThK² 14, a. a. O., 211–213; vgl. Zweites Vatikanisches Konzil, De-

kret über die zeitgemäße Erneuerung des Ordenslebens („*Perfectae caritatis*"), Nr. 14, LThK[2] 13, a. a. O., 293–295.

53 Beispiele und Hinweise in: Andreas Wollbold, Als Priester leben. Ein Leitfaden, Regensburg 2010, 178f.

54 Madeleine Delbrêl, Wir Nachbarn, a. a. O., 51.

55 Vgl. hierzu ausführlicher: Wollbold, Als Priester leben, a. a. O., 183–215.

56 Gisbert Greshake, Priester sein in dieser Zeit. Theologie – Pastorale Praxis – Spiritualität, Freiburg i. Br. u. a. [2]2008, 318.

57 Ignatius von Loyola, Trost und Weisung. Geistliche Briefe, hg. v. Hugo Rahner, Zürich u. a. 1979, 145f. – Die im Original verwirrende Interpunktion wurde zur besseren Lesbarkeit leicht verändert.

58 Ebd., 156.

59 Quelle unbekannt.

60 Anneliese Herzig, Gehorsam um des Lebens willen, in: Wunibald Müller / Manfred Scheuer / Anneliese Herzig, Frei zum Leben. Die Weisheit der evangelischen Räte, Würzburg 1996, 91–130, hier 126.

61 Rainer Maria Rilke, Briefe an einen jungen Dichter, Frankfurt a. M. [54]2007 (Insel-Bücherei 406), 21.

62 *Gaudium et spes*, a. a. O., Nr. 16.

63 Ebd.

64 Eine spezifische Ausprägung dieser Grundform der geistlichen Unterscheidung sind die hilfreichen Regeln zu „Trost" und „Trostlosigkeit" des hl. Ignatius von Loyola, für deren Anwendung etwas Erfahrung im spirituellen Leben oder eine geistliche Begleitung förderlich ist. S. Ignatius von Loyola, Geistliche Übungen. Nach dem spanischen Autograph übers. v. Peter Knauer SJ, Würzburg [2]2011, Nr. 313–336.

65 Aurelius Augustinus, Confessiones, I, 5, 5 (eig. Übers.).

66 In diesem Buch wird, wie in den meisten lehramtlichen Texten (vgl. z. B. LG 42 oder PO 16), begrifflich nicht zwischen „Zölibat" (lateinisch für „Ehelosigkeit") und „Jungfräulichkeit" unterschieden. Im kirchlichen Sprachgebrauch bezeichnen beide Begriffe die Lebensform der „Ehelosigkeit um des Himmelreiches willen". Auch wenn die reale sexuelle Jungfräulichkeit nicht Bedingung für Zölibatsversprechen (Diözesanpriester) bzw. -gelübde (Ordenschristen) ist, so wird sie doch als normalerweise gegeben vorausgesetzt. Deshalb können beide Worte synonym verwendet

werden, obwohl sie als Einzelbegriffe dieselbe Wirklichkeit aus unterschiedlichen Perspektiven benennen. Der Verfasser selbst bevorzugt den Ausdruck „Zölibat", der im Deutschen als Fachbegriff die lebenslange jungfräuliche Ehelosigkeit um des Himmelreiches willen am besten in einem Wort zum Ausdruck bringt.

„Keuschheit", lateinisch „castitas", versteht der Verfasser als Konzept der personalen Orientierung der Sexualität und ihrer entsprechenden Gestaltung. Der Begriff wird deshalb hier nicht im Sinn von Zölibat, Jungfräulichkeit oder sexueller Enthaltsamkeit gebraucht, wie es oft üblich ist.

67 Historisch sachgerechte Überblicke bieten: Alfredo Marranzini, Zölibat in der frühen Kirche. Überlegungen zu einem neuen Buch, in: L'Osservatore Romano. Wochenausgabe in deutscher Sprache, Nr. 15/16, 10. April 1998, S. 13–16; Thomas McGovern, Der priesterliche Zölibat in historischer Perspektive. Grundlegung und Entwicklung im Westen, in: Forum Katholische Theologie 14 (1998) 18–40; Klaus Mörsdorf, Art. Zölibat, in: LThK[2] 10 (1965), 1395–1398; Bernhard Fraling, Art. Zölibat, in: LThK[3] 10 (2001), 1483f. Vgl. auch Gisbert Greshake, Priester sein, a. a. O., 305f. Einige Hinweise auf Fachliteratur finden sich in den weiteren Fußnoten.

68 Klaus Berger, Wer war Jesus wirklich? Stuttgart 1995, 26. Zum AT s. z. B. Jdt 16,22; Weish 3,13–4,2; Jes 56,3–5.

69 Ebd., 28.

70 Bernhard Kötting, Der Zölibat in der Alten Kirche, in: Schriften der Gesellschaft zur Förderung der Westf. Wilhelms-Universität zu Münster 61 (1970) 5–35, jetzt in: Ders., Ecclesia peregrinans. Das Gottesvolk unterwegs. Gesammelte Aufsätze, Münster 1988 (MBT 54), 448–466, hier 459. S. etwa Ex 19,15; Lev 15,16–18; 1 Sam 21,5.

71 Klaus Berger, Zölibat. Eine theologische Begründung, Leipzig 2009; Ders., Die Sehnsucht Jesu nach seiner Braut. Versuch einer Neubegründung des Zölibats, in: Die Tagespost, Nr. 90, 26. Juli 2008, 5f.

72 Gabino Uríbarri, Die Ehelosigkeit Jesu und die Berufung zum Ordensleben, in: Geist und Leben 69 (1996) 52–55, hier 53.

73 Norbert Baumert, Frau und Mann bei Paulus. Überwindung eines Mißverständnisses, Würzburg [2]1993, 186.

74 Vgl. 1 Tim 3,1–13; Tit 1,5–9.

75 Stefan Heid, Zölibat in der frühen Kirche. Die Anfänge einer Enthaltsamkeitspflicht für Kleriker in Ost und West, Paderborn u. a. 1997, 43.

76 Peter Brown, Die Keuschheit der Engel. Sexuelle Entsagung, Askese und Körperlichkeit im frühen Christentum, München 1994, 164, vgl. 136 u. a.

77 Vgl. zum ganzen Abschnitt Kötting, Der Zölibat in der Alten Kirche, a. a. O.

78 Peter Brown, Die Bedeutung der Jungfräulichkeit in der frühen Kirche, in: Bernhard McGinn u. a. (Hg.), Geschichte der christlichen Spiritualität, Bd. 1, Würzburg 1993, 423–435, hier 423.

79 Ebd., 429.

80 Ebd., 424.

81 Ebd., 425.

82 Ebd., 431.
   Diese überwunden geglaubte Zweiteilung zwischen Selbst und Leib begegnet aktuell wieder im Mainstream der Gender-Diskussion.

83 Brown, Die Keuschheit der Engel, a. a. O., 45.

84 Ebd.

85 Ebd., 65.

86 Siricius, ep. 2, 10 (PL 13, 1139), zit. n.: Heinrich Denzinger, Enchiridion symbolorum definitionum et declarationum de rebus fidei et morum. Kompendium der Glaubensbekenntnisse und kirchlichen Lehrentscheidungen. Lateinisch-Deutsch, hg. v. Peter Hünermann, Freiburg i. Br. 2009, CD-ROM-Ausgabe, Nr. 185 (eig. Übers.).

87 Brown, Die Bedeutung der Jungfräulichkeit, a. a. O., 432.

88 Zu Ankyra vgl. Stefan Heid, Grundlagen des Zölibats in der frühen Kirche, in: Der Zölibat des Priesters, St. Ottilien 1995 (Sinn und Sendung 9), 45–71, hier 49f.

89 Vgl. Heid, Zölibat in der frühen Kirche, 52–289. Vgl. (auch zum Folgenden) Art. Zölibat, in: LThK[2] 10, 1395–1398; Marc Oraison, Psychologie des ehelosen Lebens 1969, 81ff – beide sind nicht frei von Fehlern; Kötting, Der Zölibat in der Alten Kirche, a. a. O., 454. Die vermeintliche Behandlung des Klerikerzölibats auf dem Konzil von Nicaea ist eine Legende (vgl. Heid, Zölibat in der frühen Kirche, a. a. O., 13–16.272–279; McGovern, Der priesterliche Zölibat, a. a. O., 20, 31).

90   Vgl. Heid, Zölibat in der frühen Kirche, a. a. O., 280–289.
91   Peter Browe, Beiträge zur Sexualethik des Mittelalters, Breslau 1932 (BSHT 23), 59; zit. n.: Arnold Angenendt, Liudger. Missionar – Abt – Bischof im frühen Mittelalter, Münster 2005, 46.
92   Arnold Angenendt, Das Frühmittelalter. Die abendländische Christenheit von 400 bis 900, Stuttgart 1990, 94.
93   Vgl. ebd., 178.
94   Vgl. Arnold Angenendt, Geschichte der Religiosität im Mittelalter, Darmstadt 1997, 453.
95   Vgl. Arnold Angenendt, Das Frühmittelalter, a. a. O., 94, 178, 272f, 290, 345f., 370; Ders., „Mit reinen Händen". Das Motiv der kultischen Reinheit in der abendländischen Askese, jetzt in: Ders., Liturgie im Mittelalter. Ausgewählte Aufsätze zum 70. Geburtstag, hg. v. Thomas Flammer / Daniel Meyer, Münster 2004, 245–267; Ders., Geschichte der Religiosität im Mittelalter, a. a. O., 306f., 404–411, 453–462 – im zuletzt zitierten Kapitel mit teilweise etwas grobstrichiger Argumentation.
96   Bernhard Kötting, Die Diskussion um den Zölibat, in: Theologische Revue 67 (1971) 426–438, jetzt in: Ders., Ecclesia peregrinans, a. a. O., 480–500, hier 489.
97   Vgl. ebd.
98   Vgl. LThK^2 14, a. a. O., 214–217.
99   *Presbyterorum ordinis*, Nr. 16, zit. n.: ebd., 220 (eig. Übers.).
100 A.a.O. (eig. Übers.).
101 A.a.O. (eig. Übers.).
102 Vgl. KKK, a. a. O., Nr. 1579.
103 Paul M. Zulehner, Leibhaftig glauben. Lebenskultur nach dem Evangelium, Freiburg u. a.: Herder ^{3}1984, 33; vgl. auch 35.
104 Karl Hillenbrand / Medard Kehl, Du führst mich hinaus ins Weite. Erfahrungen im Glauben – Zugänge zum priesterlichen Dienst. Freundesgabe für Georg Mühlenbrock, Würzburg 1991, 174.
105 Vgl. 1 Kor 7,27–31.
106 Bours / Kamphaus, Leidenschaft für Gott, a. a. O., 70.
107 Bours / Kamphaus, Leidenschaft für Gott, a. a. O., 58.
108 *Presbyterorum ordinis*, Nr. 16, zit. nach: ebd. 217.
109 *Presbyterorum ordinis*, Nr. 1, zit. nach: LThK^2 14, a. a. O., 145; vgl. LG 28.
110 *Presbyterorum ordinis*, Nr. 2, zit. nach: ebd., 151.

111 Vgl. z. B. Greshake, Priestersein in dieser Zeit, a. a. O., 101 ff.

112 Vgl. Mk 10,28–31; Lk 14,26.

113 Mt 13,45f.; vgl. 44.

114 Klaus Demmer, Zumutung aus dem Ewigen. Gedanken zum priesterlichen Zölibat, Freiburg i. Br. 1991, 46.

115 *Presbyterorum ordinis*, Nr. 16, zit. n.: LThK² 14, a. a. O., 214 (eig. Übers.).

116 Bours / Kamphaus, Leidenschaft für Gott, a. a. O., 43.

117 Norbert Leygraf / Andrej König / Hans-Ludwig Kröber / Friedemann Pfäfflin, Sexuelle Übergriffe durch katholische Geistliche in Deutschland. Eine Analyse forensischer Gutachten 2000–2010. Abschlussbericht 2012, (http://www.dbk.de/fileadmin/ redaktion/diverse_downloads/Dossiers_2012/2012_Sex-Ueber-griffe-durch-katholische-Geistliche_Leygraf-Studie.pdf), 9.

118 A. W. Richard Sipe, Sexualität und Zölibat, Paderborn u. a. 1992, insbesondere 312 ff. Die auf S. 313 angegebenen Zahlenverhältnisse sind nach meiner Erfahrung allerdings in Teilen zu pessimistisch und wohl aus dem Erfahrungshorizont eines Psychotherapeuten heraus zu verstehen, der in seiner Praxis vor allem mit problematischen Situationen in Kontakt kommt.

119 Zehn bedenkenswerte Aspekte nennt Sipe in: Ders., Sexualität und Zölibat, a. a. O., 312–328.

120 C. G. Jung, zit. n.: Raphael Bonelli, Ein Plädoyer für den Zölibat aus Sicht der Psychologie, in: Die Tagespost, Nr. 121, 11. Oktober 2011, S. 9.

121 Kurt Koch in: Neue Zürcher Zeitung, 17. 6. 1995.

122 Johannes Bours, in: Bours / Kamphaus, Leidenschaft für Gott, a. a. O., 60.

123 Auf verschiedene Weise anregend sind: Wunibald Müller, Liebe und Zölibat. Wie eheloses Leben gelingen kann, Ostfildern ²2012 (Topos-Taschenbuch 772); Anselm Grün / Wunibald Müller (Hg.), Intimität und zölibatäres Leben. Erfahrungsberichte von Priestern und Ordensleuten, Würzburg 1995.

124 Henri Nouwen, zit. n: Wunibald Müller, Intimität. Vom Reichtum ganzheitlicher Begegnung, Mainz ²1990, 84.

125 Anselm Grün, Ehelos – des Lebens wegen, Münsterschwarzach 1989 (Münsterschwarzacher Kleinschriften 58), 45.

126 Einheitsübersetzung 1980 und 2016 mit leichten Korrekturen durch den Verfasser.

127 Thomas Merton, zit. in: Grün / Müller (Hg.), Intimität und zölibatäres Leben, a. a. O., 142.

128 Müller, Intimität, a. a. O., 87.

129 A. W. Richard Sipe, zit. n.: Georg Lauscher, Zölibatäre Spiritualität und Sexualität, in: Pastoralblatt 66 (2014) 195–199, hier 196.

130 Autor unbekannt.

131 Vgl. Arnold Angenendt, Toleranz und Gewalt. Das Christentum zwischen Bibel und Schwert, Münster [2]2007, 159ff.; Peter Brown, Die Bedeutung der Jungfräulichkeit in der frühen Kirche, in: Geschichte der christlichen Spiritualität 1, Würzburg 1993, 423–435; Bernhard Kötting, Der Zölibat in der Alten Kirche, in: a. a. O.

132 *Gaudium et spes*, Nr. 48, zit. n.: LThK[2] 14, a. a. O., 431.

133 KKK, a. a. O., Nr. 1661.

134 KKK, a. a. O., Nr. 1642.

135 Demmer, Zumutung aus dem Ewigen, a. a. O., 52.

136 Thomas von Aquin, Summa theologiae II-II, q. 183, a. 2; vgl. auch II-II, q. 152, a. 4.

137 Vgl. Papst Franziskus, Nachsynodales Schreiben *Amoris laetitia* über die Liebe in der Familie, Rom 2016, Nr. 161.

138 Ebd., Nr. 161. Zum Begriff der „Jungfräulichkeit" vgl. o. Anm. 66.

139 Hans Jakob Weinz, in: Pastoralblatt 45 (1993), 345.

140 Werner Thissen, Du bist mein Glück. Leben aus der Kraft der Begegnung, Kevelaer 2004, 99.

141 Im Verständnis des Verfassers ist „Alleinsein" die Bezeichnung für einen äußeren Zustand, während der Begriff „Einsamkeit" die seelische Wirklichkeit ins Wort bringt und deutlich von der negativen „Vereinsamung" zu unterscheiden ist. Vgl. Josef Köhler, Art. Einsamkeit, in: LThK[3] 3 (1995), 554f.

142 Fritz Riemann, Flucht vor der Einsamkeit, in: Hans Jürgen Schultz (Hg.), Einsamkeit, Stuttgart 1980, 25.

143 Henri J.M. Nouwen, Gottes Clown sein. Geistlich leben in unserer Zeit, Freiburg i. Br. 1985, 50.

144 Dietrich Bonhoeffer, Gemeinsames Leben, Gütersloh [30]2012, 65f.

145 Ebd., 25–28.

146 Ebd., 28.

147 Ebd., 32f.

148 Weisung der Väter. Apophthegmata Patrum, auch Gerontikon oder Alphabeticum genannt, Einl. Wilhelm Nyssen. Übers. Bonifaz Miller, Trier ³1986 (Sophia 6), 26f (Nr. 49).

149 Anselm Grün, Der Umgang mit dem Bösen. Der Dämonenkampf im alten Mönchtum, Münsterschwarzach 1979 (Münsterschwarzacher Kleinschriften 6), 67f.

150 Die beste kurze Anleitung zu kontemplativen Beten findet sich unter der Überschrift „Das Jesus-Christus-Atemgebet" in: Johannes Bours, Der Mensch wird des Weges geführt, den er wählt. Geistliches Lesebuch, Freiburg u. a. ⁴1988, 159–165. Hilfreich sind u. a. auch: Peter Köster, Suchet mein Angesicht. Vom Wort zum Schweigen – Ein Weg zur Kontemplation, Würzburg 1989; Erika Lorenz, Praxis der Kontemplation. Die Weisung der klassischen Mystik, München 1994; Kallistos Ware, Emmanuel Jungclausen, Hinführung zum Herzensgebet, Freiburg i. Br. u. a. ⁷1997.

151 Quelle unbekannt.

152 Henri J.M. Nouwen, In ihm das Leben finden. Einübungen, Freiburg i. Br. u. a. 1982, 48.

153 Ebd. 71.

154 Antonio Machado, zit. n.: Werner Thissen, Du bist mein Glück. Leben aus der Kraft der Begegnung, Kevelaer 2004, 80.

155 Nouwen, In ihm das Leben finden, a. a. O., 80.

156 Sipe, Sexualität und Zölibat, a. a. O., 88.

157 In diesem Kapitel werden notwendigerweise einige der bisher reflektierten Gedanken nochmals angeführt.

158 Grün / Müller (Hg.), Intimität und zölibatäres Leben, a. a. O., 47.

159 Ebd.

160 Sipe, Sexualität und Zölibat, a. a. O., 88.

161 Grün / Müller (Hg.), Intimität und zölibatäres Leben, a. a. O., 112.

162 Ebd.

163 Ebd.

164 Teresa von Ávila, Das Buch meines Lebens, 8, 5, zit. n.: Vollständige Neuübertragung. Gesammelte Werke Bd. 1. Hg., übers. u. eingel. von Ulrich Dobhan u. Elisabeth Peeters, Freiburg i. Br. ³2004, 156f.

165 Roger Schutz, Kampf und Kontemplation, Freiburg i. Br. 1975, 15.

166 Grün, Ehelos – des Lebens wegen, a. a. O., 55–57.
167 http://www.orden.de/presseraum/zahlen-fakten/
168 http://www.dbk.de/zahlen-fakten/kirchliche-statistik/
169 Sipe, Sexualität und Zölibat, a. a. O., 312–328.
170 Matthias Sellmann (Quelle unbekannt).
171 Roger Schutz, Tagebuch, zit. n.: Felix Genn, Lieber Christian! Brief an einen jungen Mann, in: gerufen, Zentrum für Berufungspastoral Freiburg 2014 (Werkheft der Berufungspastoral 2014), 4–11, hier 10.
172 Vgl. *Perfectae caritatis*, a. a. O., Nr. 1 und 12.
173 http://www.charlesdefoucauld.org/priere.php?lang=fr (eig. Übers.)
   Die bekannte Fassung des Gebets ist eine leichte Kürzung des Originals.
   Am Schluss: Original des Gebets von Charles de Foucauld.
   Quelle: http://www.charlesdefoucauld.de/index.php/spiritualitaet/messtexte-und-gebete/18-gebet-der-hingabe
174 Georg Wilhelm Friedrich Hegel, Vorlesungen über die Ästhetik II., III., I, 2., a. (http://www.textlog.de/5999.html).

Literaturauswahl

Evangelische Räte

Johannes Bours/Franz Kamphaus, Leidenschaft für Gott, Freiburg i. Br. [8]1991.

Johannes Bours, Identitätsfindung in Jesus Christus, in: Paul Deselaers, Und doch ist Hoffnung. Gedanken zu und von Johannes Bours, Freiburg i. Br. 1992, 123–130.

Piet van Breemen, Gerufen und gesandt, Würzburg 1979.

Gisbert Greshake, Priester sein in dieser Zeit. Theologie – Pastorale Praxis – Spiritualität, Freiburg i. Br. [2]2008, 294–332.

Anselm Grün/Andrea Schwarz, Und alles lassen, weil Er mich nicht lässt. Berufen, das Evangelium zu leben, Freiburg i. Br. 2006.

Anneliese Herzig, In der Spur Jesu. Leben nach den Evangelischen Räten, Innsbruck 2012 (Spiritualität und Seelsorge 5).

Reinhard Körner, Himmelreich leben. Die evangelischen Räte – für alle Christen, Leipzig 2015.

Jean-Marie Lustiger, Der Priester und der Anruf der Räte, Einsiedeln 1982.

Johann Baptist Metz, Zeit der Orden? Zur Mystik und Politik der Nachfolge, Kevelaer 2014 (Topos-Taschenbücher 886).

Johann Baptist Metz/Tiemo Rainer Peters, Gottespassion. Zur Ordensexistenz heute, Freiburg i. Br. 1991.

Karl Rahner, Über die evangelischen Räte, in: Schriften VII, 404–434.

Klaus Recker, Heute nach dem Evangelium leben, Mainz 1979 (Topos-Taschenbücher 91).

Anton Rotzetter, Aus Liebe zum Leben. Die Evangelischen Räte neu entdecken, Freiburg i. Br. [2]1997.

Manfred Scheuer, Die evangelischen Räte. Strukturprinzip systematischer Theologie bei Hans Urs von Balthasar, Karl Rahner, Johann B. Metz und in der Theologie der Befreiung, Würzburg 1990 (StSSTh 1).

Heinz Schürmann, Im Knechtsdienst Christi. Priesterliche Lebensform, Freiburg i. Br. 1985.

Paul M. Zulehner, Leibhaftig glauben. Lebenskultur nach dem Evangelium, Ostfildern [2]2008 (Topos-Taschenbuch 659).

Armut

Aquinata Böckmann, Prüfstein Armut, Freiburg i. Br. 1981.
Franz von Assisi, Geliebte Armut. Texte vom und über den Poverello. Ausgew. und eingel. von G. und Th. Sartory, Freiburg i. Br. 1977 (Texte zum Nachdenken).
Thomas Möllenbeck/Ludger Schulte (Hg.), Armut. Zur Geschichte und Aktualität eines christlichen Ideals, Münster 2015.
Friedrich Wulf, Evangelische Armut. Sinn und Verwirklichung heute, Freising 1973.

Gehorsam

Gisbert Greshake, Gottes Willen tun. Gehorsam und geistliche Unterscheidung, Freiburg i. Br. u. a. 1984.
Anselm Grün, Demut und Gotteserfahrung, Münsterschwarzach 2012 (Münsterschwarzacher Kleinschriften 185).
Kongregation für die Institute des geweihten Lebens und die Gesellschaft des apostolischen Lebens, Der Dienst der Autorität und der Gehorsam. Instruktion, 11. Mai 2008 (Sekretariat der Deutschen Bischofskonferenz, Verlautbarungen des Apostolischen Stuhls 181).
André Louf, Demut und Gehorsam, Münsterschwarzach [3]1990 (Münsterschwarzacher Kleinschriften 5).

Zölibat

Klaus Berger, Zölibat. Eine theologische Begründung, Leipzig 2009.
Klaus Demmer, Zumutung aus dem Ewigen. Gedanken zum priesterlichen Zölibat, Freiburg i. Br. 1991.
Anselm Grün, Ehelos – des Lebens wegen, Münsterschwarzach [9]2007 (Münsterschwarzacher Kleinschriften 58).
Anselm Grün/Wunibald Müller (Hg.), Intimität und zölibatäres Leben. Erfahrungsberichte von Priestern und Ordensleuten, Würzburg 1995.

Johannes Paul II., Die menschliche Liebe im göttlichen Heilsplan. Eine Theologie des Leibes, Kisslegg ²2008.

Kongregation für das katholische Unterrichtswesen, Leitgedanken für die Erziehung zum priesterlichen Zölibat vom 11. 4. 1974.

C. Maas, Affektivität und Zölibat, Bonn 1979.

Thomas J. McGovern, Der priesterliche Zölibat in historischer Perspektive: Grundlegung und Entwicklung im Westen, in: Forum Katholische Theologie 14 (1998), 19–40.

Wunibald Müller, Intimität. Vom Reichtum ganzheitlicher Begegnung, Kevelaer 2013 (Topos-Taschenbuch 858).

Wunibald Müller, Liebe und Zölibat. Wie eheloses Leben gelingen kann, Ostfildern ²2012 (Topos-Taschenbuch 772).

Henri J. M. Nouwen, Gottes Clown sein. Spiritualität und Dienst, Freiburg i. Br. 2014.

Paul VI., Enzyklika „Sacerdotalis caelibatus" vom 24. 6. 1967.

A. W. Richard Sipe, Sexualität und Zölibat, Paderborn u. a. 1992.

René Voillaume, Mitten in der Welt. Charles de Foucauld und seine kleinen Brüder, Freiburg i. Br. 1960, Kap. 5 „Liebe zur Keuschheit".

Andreas Wollbold, Als Priester leben. Ein Leitfaden, Regensburg 2010.

Zweites Vatikanisches Konzil, Dekret über die Ausbildung der Priester („*Optatam totius*"), bes. Nr. 10.

Zweites Vatikanisches Konzil, Dekret über die zeitgemäße Erneuerung des Ordenslebens („*Perfectae caritatis*"), bes. Nr. 12.

Zweites Vatikanisches Konzil, Dekret über Dienst und Leben der Priester („*Presbyterorum ordinis*"), bes. Nr. 16.